JN059442

今日、ホームレスになった
大不況転落編
増田明利
彩図社

はじめに

人は誰だって幸福な人生を送れるよう願っている。とびきりのサクセスストーリーなんて望んでいない、中の上くらいの生活レベルを維持できればよい。経済的、社会的に少しの余裕があれば十分。失敗したりしくじったりするのは嫌だ。できれば苦労はしたくない。このように考えている人が多いと思う。

しかし、世の中というのは皮肉なもので、時として不運に見舞われることがある。古くはオイルショック、円高不況、バブル崩壊後の失われた20年、リーマンショック後の世界同時不況など。これらの外的要因、社会の変化に翻弄されて人生が暗転した人がいる。一方で、目論見違いや考えの甘さで失敗してしまった人もいる。

前者と後者では大きく違うが、どこかに分水嶺があり、図らずも、まさかの坂を転がっていく羽目に。社会には、世の中には不幸の入口が確実に存在しているのだ。

ここからは私事になるが、筆者もまさかの坂を転げ落ちたひとりである。わたしの場合は病気。3月に入ったところで、ケガが原因で耐性ブドウ球菌に感染した。そこから多発性膿(のう)瘍(よう)→壊死性膿瘍→敗血症と悪化し、一時は命も危ないという状態に陥ってしまった。

大学病院の集中治療室で約1ヵ月、一般病棟で約3ヵ月治療を受け、何とか危機的な状況からは脱することができた。そこから更にリハビリ病院を転々として、立ち上がる、歩く、硬直した関節をほぐすなどのリハビリを受け、自宅に戻れたのが9月半ば。およそ半年間も病院の世話になる羽目になった。

何とか自分のことは自分でやれるようになったものの、壊死で機能を失った手指の関節や大腿骨は、全身の状態が回復してから手術しないと元に戻らないということで、完全に元の身体に戻れるのはいつになるか分からないという状態だ。

たかだか風呂上がりに台所で転倒しただけで、何でこんなひどい目に遭うのか。熱が出て浮腫(むく)みが起きたときに「これはおかしい」と病院に駆け込んでいたらここまで悪くならなかったはず。まさしく、まさかの坂を転げ落ちた次第で悔やんでも悔やみきれない。そんな心境である。

本書は、筆者が過去に発表した失敗話、しくじり話の中から特に印象深いものを選び抜き、再編集したものである。さらに第1章では、新型コロナウイルスという流行病が原因で苦境に追い詰められた人たちの現状をレポートしている。

世の中にはどこに不幸、不運の種があるか分からない。自分が収録されている人物と似たような状況になったらどうするか。そんなことを考えてもらえたらありがたい。

今日、ホームレスになった
——大不況転落編——

目次

第2章　栄光からの転落

第3章　まさか自分がこんな目に……

第4章　不運に不運が重なって……

※2章以降の内容は弊社発行の既刊本からエピソードを厳選し、加筆・修正の上で再編集したものであり、登場人物の年齢や経歴等は取材当時のものです。また、本書に使用している画像はすべてイメージ写真であり、登場する人物、団体、場所等とは一切関係ありません。

【第1章】

わたしたちの緊急事態宣言

No.1

雇い止めと立退きのダブルパンチ

筒井昌宏（31歳）

最終学歴：高校卒　現住所：東京都大田区内のネットカフェなどを転々
職業：業務請負会社のアルバイト作業員　収入：直近の月収は12万円
家族状況：独身

解雇予告

くをみせる新型コ

社にお

「夜のアーケード街でダンボールを敷いて横になるホームレスのおじさんを見ると恐怖感を覚えます……。」

地元（青森）の工業高校を卒業し木材加工会社に就職するも、リーマンショックのあおりを受けて会社が自主廃業。働き口を求めて地元を離れ上京し、さまざまな業種の工場を転々としながら派遣労働を続けていたが、コロナウイルスの影響で一旦失業し、その後業務請負会社でアルバイトを始める。アパートの取り壊しが決まり部屋を追い出されてからは引っ越し先が見つからず、ネットカフェで節約生活を送っている。

今の状態はハウスレスです、住まいはありません。手持ちのお金と少しの貯金はあるのでサウナやネットカフェで夜明かししていますが、屋根付きホームレスですよ。こんなんじゃドン詰まりだから引っ越し先を探すために奔走しています。

3週間前までは足立区の安アパートで暮らしていましたが出身は青森です。07年に地元の工業高校を卒業して県内の木材加工会社に就職しました。建築用、家具加工用の製品を加工するのが仕事だった。

ところが09年9月末で会社が自主廃業することになって失業したわけです。廃業の理由は1年前に起きたリーマンショックの影響で受注が激減したこと。

この先もいつ回復するのか分からない。このままでは経営が立ち行かなくなるということで、最悪の事態を避けるために廃業することになったという説明でした。

次の仕事を探したけど県内では求人自体が少ない。ガソリンスタンドのサービスマンとか農協の臨時作業のアルバイトをしながら何社か採用試験を受けたのですが駄目でした。

ところが東京圏や東海圏からの派遣募集は多いんです。失業して1年も経つと精神的にも追い詰められる。派遣でもいいからちゃんと働かなきゃと思ってこっちに来たのが10年2月です。

最初の派遣先は冷凍食品の加工工場で、そこでは2年働いた。その次は医療機器や医薬品のピッキング作業。その後も自動車関連、家電関連の製造工場に回されました。時給はどこも1400円で、月収は残業が多いと32万円ぐらい。手取りだと27万円は確保できていたか

ら生活が辛いということはなかった。

18年の5月から今年(20年)6月まで働いていたのは業務用のクリーニング工場です。大型洗濯機のオペレーターをやっていました。労働条件は時給1420円で1日8時間労働、4週6休が基本でした。三交替制勤務だったので残業はほとんどありませんでした。なので収入は減って月収26万円、手取り21万円ぐらいでしたね。

住まいは派遣会社が借り上げたアパートを寮として使っていたのですが、仕事場でも住まいでも同じ人間たちと一緒なのは息が詰まりそうだった。なので派遣先から30分圏内のところに自分でアパートを借りるようにしました。

今どき珍しい木造モルタル造りの古いアパートで家賃は4万3000円でした。水道光熱費が約1万円、通信費が5000円。固定費は合計すると6万円弱なので残りは15万円ぐらいでしたね。

わたしは酒もタバコもやらないしギャンブルにも興味がない。無駄遣いはしないようにしていたけど多額の預貯金を蓄えるというのは無理でした。自炊はめったにやらないから食費が大きくて。病気やケガで医療費が必要になることもあるし。

自分でも派遣は損だと分かっていたから正社員の仕事はずっと探していたんです。だけど25歳以上だと経験を求められるケースが多い。学歴っていうシビアな線引きもあるし。

これまで30社以上の募集に応募したけど採用してくれるところはなかった。だからダラダラ派遣社員をしていたわけです。

2月下旬からコロナ、コロナと騒ぎが大きくなったけど自分にはさほど影響はないと思っていました。ところが違っていました。工場では、大学病院などの多くの医療機関とシティホテル、ビジネスホテルなどから出るシーツ、パジャマ、寝巻、タオルなどの洗濯とアイロンがけを多く受注していました。これが一気に減ったわけです。

病院は感染を予防するため入院患者の受け入れを半分にしたなんていう話だったし、規模の小さい病院、診療所は患者が来なくなったそうですからね。宿泊関係も利用者が減っているのだから洗濯物も減る。こんな塩梅で一気に仕事が減りました。

緊急事態宣言が出されると入ってくる洗濯物の数は4分の1、5分の1と減ってしまいました。派遣のわたしは週休3日になり、出勤した日も労働時間は5時間だけに減らされました。4月、5月は月収12万円、手取り9万円という有様でした。

解雇通知があったのは6月5日だった。出勤したら工場に派遣会社の人が来ていて「こう

いう社会状況なので契約を解除します」という簡単なものでした。ペラ紙1枚の書類に署名、押印して終わりでした。もう働かなくていいからと追い出されてサヨウナラです。不服でしたが文句を言ったところでどうにかなるわけじゃないし。受け入れるしかありませんよ。

会社都合の退職という扱いなので失業手当は7日の待機で支給されました。だけど基になる賃金が少なかったから1ヵ月当たり10万円と少々という額でした。

本当はいけないんだけどハローワークに内緒でアルバイトでもしようかと思った。だけどコロナの影響でアルバイトの口もありませんでしたね。しょうがないからコツコツ貯めた貯金を取り崩すしかなかった。

職探しは必死でやったけど駄目だった。ハローワークにガス工事会社の作業職見習い募集があったので連絡してもらったのですが、コロナの影響で採用活動は休止することになったということでした。印刷会社の機械オペレーターの募集にも応募したのですが、ここは採用計画を白紙に戻すことになったということで、提出した書類が送り返されてきました。

やっぱり派遣しかないのかなと思ったけど派遣会社の募集もグッと少なくなって。失業手当が終了する前にアルバイトも探したんですがコンビニからもお断りでした。

何とか8月下旬に業務請負会社のアルバイトに採用してもらえまして。とりあえず無収入からは脱せられた。仕事は単純労働です。平和島の倉庫団地で外国産食品の賞味期限の印字チェックをしたり、日本語で書かれたシールを貼ったり、不良品をチェックしたり。2時間もやったら誰でも覚えられる簡単なものですよ。

職場の雰囲気? 良くはないよ。とにかく外国人労働者が多い、自分の作業班には中国人が10人以上いる。他にもベトナム人とか日系ブラジル人とか。

日本人で20代、30代の若い人は少数です。日本人で多いのはおばちゃんたち。中高年のおじさんたちにはちょっと変わった人が多くてムカッ腹が立つことがある。

労働条件は時給1360円。始めた直後は1日の労働時間は5～6時間で出勤するのは週3日ないし4日だけでした。だから月収は12万円ぐらいなものでしたね。

住まいを失ったのは7月上旬です。去年（19年）の末に家賃を払っている不動産屋からアパートの所有者が代わったという連絡は受けていました。そのうち新しい所有者から連絡があると伝えられていたんです。1月の中頃に新しい所有者のマンション開発業者の人が来て、ここは取り壊して6階建て、ワンルームタイプの賃貸マンションを建てるという説明を受けました。前の家主との契約は引き継ぐ、しかし2年間の賃貸契約の残りが終了したら退去してくれということでした。期限は7月20日。

慌てて引っ越し先を探し始めたのですが、コロナ騒動で仕事も収入も減り始めたから上手くいかなかった。払える家賃は4万円台前半が限界ですが、そんな物件はなかった。都内北部から埼玉県の草加市辺りにかけてのアパートでも家賃は5万円が目安。マンションタイプだと6万円以上でしたね。

仕事が派遣社員というのもネックだった。不動産屋は非正規やフリーターでも門前払いなどしないのですが、家主がそういう人は敬遠するみたいです。敷金とか保証金を上乗せしなかったら貸してくれなかったり、家賃保証会社の保証料も大手企業の正社員や公務員よりかなり高い金額を請求されるみたいです。

金額が折り合わない。派遣社員ということで家主に断られる。こんな感じでなかなか引っ越し先が見つからなかった。

6月に雇い止めされて無職になったのが致命的だった。ある不動産屋では31歳無職より中高年の生活保護の方がまだましだと言われましたよ。

退去要請されたのが1月中旬。いくら何でも半年あれば転居先を確保できると考えていたけど駄目でした。6月に入ると新しい家主から転居先は見つかったのか、いつ頃出ていくのかと頻繁に聞かれるようになりました。

アパートには自分を含めて10人が入居していましたが毎月誰かが引っ越していき、7月には自分しかいませんでした。新しい家主は取り壊しのスケジュールなども通知してきて、もうここにはいられないと観念したんです。立退き料15万円、戻ってきた敷金が3ヵ月分で12万9000円。この他にも多少の貯金はあったからシェアハウスに転がり込みました。

移ったシェアハウスは上野駅近くでしたが脱法ハウスみたいな感じでした。ワンフロアを6分割に区切っていたけど壁が薄くて両隣の物音が耳障りで仕方なかった。入居している人たちも品がなかったり常識がなかったりで嫌だった。1日の利用料が2400円だから1ヵ月だと7万2000円。これは馬鹿高いと思った。

こんなことを言うと意識が低いと思われるかもしれないけど、少し前に問題になったゼロゼロ物件でも問題ないと思うんだよ。

人の弱みに付け込んでいるとか貧困ビジネスだというけれど、住まいがないことの方が大問題でしょ。住民票がない、書留郵便が受け取れないとなると就職活動に大きな影響があるわけなんだから。

8月に今のアルバイトが見つかって。場所が平和島だから近いところがいいと思って大田

区の方に来たわけです。

生活はひたすら倹約です。泊まるのは主にネットカフェでナイトパックの料金は980~1280円。食費は1日1000円前後でやっている。

駅までの道すがらにまいばすけっと（スーパーマーケット）があるんです。まずそこで30％引きになっている菓子パン、総菜パン、カップ麺を買うんだ。一昨日の食事だったら、朝飯がリンゴデニッシュとメロンパン、昼がカレーヌードルとチキンカツバーガー。晩飯までの繋ぎでミニクリームパン。あとは2リットル入りのお茶などを買い込みます。これで総額は税込み約580円ぐらい。夜は西友とか東急ストアでやっぱり値引きになっている弁当を買ってネットカフェで食べている。ミックスフライ弁当、天丼、炒飯弁当などが税込みで400~450円ぐらいで買えますから。

休みの日はもっと締めています。朝イチでスーパーに行き、安い食パンを1斤とカップジャム。98円均一の揚げ物を3品、小パックのポテトサラダを買うわけ。朝はイチゴジャムをぬったパンを2枚。昼はパン3枚とアジフライ、ポテトサラダを半分。夜はパン3枚とメンチカツ、ポテトサラダの残り。夜食代わりにアメリカンドッグ1本。こんな感じです。これでおおよそ税込み600円ぐらいです。食事場所は公園のベンチ、図書館の休憩室、バスターミナルの自由広場などですね。

外にいるときの飲み物は図書館とか区民センターにあるウォータークーラーから自前のペットボトルに注いだ水だけ。ネットカフェではフリードリンクのコーラとかコーヒーを飲んでいますけどね。こんな感じですよ。

頭を使えばひもじい思いはしない。工夫と知恵は大事だよな。

大変なのはお風呂と洗濯ですね。普段は300円でネットカフェのシャワーを使っているのですが疲れは取れません。なので土日だけは銭湯に通っている。汚れ物も隣のコインランドリーで洗濯しているんだ。

こういう生活をしていると、まず清潔であること、少なくとも他者に不快感を与えないことが大事なんです。

汚い格好だと居場所がなくなっちゃう。図書館や文化センターには不衛生な人、悪臭を放つ人は退去してもらいますという警告が書いてあるもの。

10月に入ってから仕事が増えてきました。というのも中国人のワーカーが集団で辞めちゃったんです。彼らは時給が30円、50円違ったらさっさと鞍替えする。その穴を埋めてくれということで1日8時間、プラス残業1時間。休み週イチでやってくれないかと頼まれまして。こっちはとにかく稼ぎたいから即ＯＫです。上手くいったら34万円近い収入になるから一息つけると思う。

請負会社の職長には、ここで有期でもいいから契約社員になれる見込みはないかと相談してみたんです。そしたら会社に聞いてみると言ってくれましてね。フルタイムで働くならアルバイトより契約社員の方がいいでしょ。贅沢を言える立場でもないからさ。

契約社員になれたら社会保険にも入れるし、在籍証明書を出してもらえれば部屋探しも今よりスムーズにいくと思う。とにかく1日も早くネットカフェから出ていきたいよ。

足立区のアパートを出ていかなきゃならなくなったときに、一時的に青森に帰ろうかと考えたけど逡巡（しゅんじゅん）しちゃってね。自分は家庭環境がちょっと複雑で、両親は離婚しているんです。自分が高校を卒業した翌々年に母親は再婚しまして弘前市内にいるのですが、自分にとっては実家ではない。母親の再婚相手は赤の他人ですからね。何回か会ってはいるけど親しくはない。再婚相手の連れ子とも波長が合わない。

そういう複雑な家庭の事情があるので、なおさらおめおめと帰るのは嫌だったんです。

まあ、だからこういう風にこじれてしまったわけなんですが……。

今はとにかく、くよくよしないで頑張ろうと思います。

前略、夜の街から

最終学歴：高校卒
現住所：東京都新宿区の借上げマンション
職業：キャバクラ店長
収入：コロナ前は月収60万円プラス報奨金、自粛期間中は30万円に減額
家族状況：独身

二宮孝裕（33歳）

「夜の街のことがマスコミで取り上げられるたびに人通りが減っていきました。」

高校卒業後に観光ホテルに5年勤めたのち上京し、歌舞伎町のキャバクラで働き始める。努力を続け順調にキャリアアップしていき、キャバクラの店長に就任してからは年収750万円程度をキープしていた。しかしコロナウイルス蔓延で「夜の街」への外出自粛が呼びかけられると店の売上は激減し、収入も半減。周辺ではコロナ関連の暗い話題が絶えないという。依然として厳しい状況が続いている。

今年（20年）の10月に入って、歌舞伎町もどうやら最悪期を脱したと思う。9月半ば過ぎから人出が増えたと実感します。まだ去年（19年）の6割程度だけど、ほとんど人通りのない歌舞伎町を見てきたから、その時期に比べたら賑わいが戻ってきたと思う。本当に一時はどうなるんだとやきもきしていたからな。

今は新宿区のマンションで暮らしていますが生まれは山口県の片田舎です。地元の高校を卒業したあとは県内の観光ホテルに就職してベルボーイ、室内整美、宴会場係などをやっていました。でも給料は安かったし、つまらなかった。我慢したけど5年勤めたところで退職しました。もっと稼ぎたいと思ったから。

とにかく豊かになりたかった。母子家庭で、はっきり言えば貧乏だった。母親を楽にさせてやりたいといつも思っていました。だけど学歴エリートでビジネス界で出世するなんて無理。とびきりの男前なんかじゃないから俳優やタレントで成功するというのも現実的じゃない。野球、サッカー、格闘技で成功して大金を稼ぐのも不可能。だったら水商売や風俗に行って稼ぐのが手っ取り早いと思ったんです。

東京に出てきたのは10年の5月だった。西武新宿線の中井という駅の近くに部屋を借り、3ヵ月間は定食屋とかエスニック料理店でアルバイトして東京に慣れるようにしたんです。田舎者と馬鹿にされないようにね。


歌舞伎町で仕事を始めたのはその年の9月からです。キャバクラのボーイがスタートだった。初任給は諸々の手当を合わせると30万円ほど。田舎じゃ考えられない金額だった、ここで一旗揚げたいと思ったよ。

仕事はきつかったしキャバ嬢の中には性格的に歪んでいたり常識がなかったりする子も多くて、人間関係も複雑なんだけど、やれば結果が付いてきた。ぺーぺーのボーイからリーダー、フロアリーダーって階段を上れば給料も増えた。歌舞伎町では頑張ったら結果が出せる。だけどやらなかったら埋もれてしまう、人の倍努力しないと歌舞伎町では生きていけません。そう思う。

最初の店には約5年勤めました、辞めるときは副店長という肩書で収入は月50万円以上あった。毎月10〜15万円母親に仕送りできてね。生活が楽になったと言われるともっと稼いでやろうと思ったんだ。

今のところに移籍したのは15年の暮れです。新しく立ち上げる店の責任者でやってほしいとスカウトされたんです。月給は2割増し、店の売上に応じた利益分配も付けるという破格の条件だった。田舎で燻(くすぶ)っていた自分には歌舞伎町ドリームという感じです。

移籍した運営会社は新宿一帯にキャバクラ4店、ガールズバー、ダーツバーなども展開していて社長はよく「歌舞伎町で天下を取ろう」って言っていた。

その頃は景気が回復してきたと言われていたから店の売上は右肩上がりで伸びていった。トップクラスの女の子だと毎月150万円以上稼いでいましたね。そこそこの容姿で話が面白かったらアルバイトの子でも1日3万円ぐらいの日当になっていたもの。

店長の自分だと月給は60万円でした。これに売上の数パーセントが店に戻され役職に応じで分配していました。ヒラのボーイだと数千円なんですが自分だと5万円上乗せられたこともありました。自慢するわけじゃないけど去年（19年）までの4年間はずっと750万円近い年収でしたよ。

ところがコロナウイルスで一気に不景気風です。特に国、東京都、マスコミが夜の街と繰り返し伝えたでしょ。その象徴として厳しい批判に晒されたのが歌舞伎町なんですよ。

夕方のニュースには小池都知事が毎日出てきて「夜の街、夜の繁華街への外出はお控えいただきたい」と言っていたでしょ。地方の人は東京に出張しても新宿には行くなと言い含められて来ている。都内で働いている人も歌舞伎町で飲み食いするなと強く言われている。新聞にもこんなことが載っていた。

客足がより少なくなったのは6月です。キャバクラ、ホストクラブなど接待をともなう飲食店の関係者が感染者の4割を超えたという報道があってガクンと落ち込んだよ。ネットにはキャバクラやホストクラブなんていらない、潰れてしまえなんて書き込みがあったし。

元々、歌舞伎町のイメージは良くない。そこに夜の街＝歌舞伎町、飲み屋＝歌舞伎町みたいな言い方をされたし、歌舞伎町だけで感染者が出ているみたいな言い方もされたからね。歌舞伎町を封鎖しろなんてほざいていた文化人もいましたよ。

悪いイメージ、怖いイメージが強いせいで言われちゃったところもあると思うけど、一方的に名指しして非難するのは良くない。みんなフラストレーションが溜まっていてイライラしていたんだろうな。誰かが悪者にならなきゃいけないんだったら歌舞伎町が悪いでいいじゃんという感じで、いじめや無視をする集団心理みたいなものだったと思います。

だけど我々だって手をこまねいて何もしなかったわけじゃないんですよ。俺たちだって生身の人間です、誰も病気になりたくないし死にたくもない。健康でいたい。

女の子たちも他のスタッフもウイルスは目に見えないから怖いと思っていた。お客様にうつすことを考えたらもっと怖い。

だから感染予防は徹底的にやっていました。店の者が外から入るときは手洗い、手指消毒を徹底させました。店内の換気を促すようサーキュレーターも15台設置した。同じビルのスナックのママさんが店全体を抗菌コーティングしたと言っていたので業者を紹介してもらい、うちの店も20万円かけて隅々までやってもらいました。

社長は行政の指導や要請には全面的に協力するという姿勢で、区役所が主催する感染予防の勉強会にも参加していましたが、ガイドラインに沿った商売じゃ儲からない。無視して感染者を出したら一大事。八方塞がりでしたね。

8月下旬頃から少しずつ風当たりが弱くなった。行政がやる対策会議でのことなんですが、飲食業や水商売を介しての感染は大きく減っている。むしろ会社員、家族間感染、高齢者の施設での感染が多い状況である。繁華街で働いている人たちは槍玉にあげられてしまったこともあって、かなり神経を使っている。感染対策に最も力を入れているのは歌舞伎町じゃないかと思う、と区役所の幹部が言っていました。

でも世間一般の人は我々の努力や実態を理解してくれないんですね。歌舞伎町は危ないというイメージが固まってしまい、人出は激減でしたよ。

キャバクラ同様に批判の矢面に立たされていたホストクラブも大変だったみたいですね。対面のビルに結構大きなホストクラブがあって、そこのお兄ちゃんたちとは顔馴染みなんですが最悪のときは客の入りが9割減だったと言っていた。その上、客の売掛金の回収もままならなかったらしい。自腹で店に弁済した人もいるようですね。

歌舞伎町には水商売以外にも多くの商売があるけど、それらのところも閑古鳥が鳴いていましたね。キャバ嬢やホストがよく行く美容院は7月に閉店しちゃったし、飲食店にお酒類を入れている酒屋さんも閉じちゃったところがある。普通の飲食店さんも大打撃だったみたい。蕎麦屋、洋食レストラン、定食屋、寿司屋、喫茶店なんかも客の入りは以前の半分にもならなかったみたいですね。自分もたまに寄っていた居酒屋さんは1日の客が10人にもならない日があったと言っていました。

その人たちにしてみたら歌舞伎町全体が夜の街とひと括りにされたのは納得できなかったと思う。とばっちりみたいなものでしょ。業種に関係なく歌舞伎町の皆さんにはお世話になっているので、店の若い連中には少しでも金を落とせと言ってました。自分も食事したり買い物をするときは歌舞伎町の中で済ますようにしていました。

うちの店は7月、8月が底でしたね。売上で言うとざっと7割減。雨の日は9割減という悲惨なものでした。毎月100万円、150万円と稼いでいた売れっ子でも25万円ぐらいしか稼げなくなってしまいましたね。

もうみんなの顔が暗くなっちゃってさ。仕事で大事なのは楽しむこと。自分が楽しむと、お客さんも楽しくなってくれる。だから笑顔を絶やさないというのが店の方針なんですが、自分も女の子たちもそんな余裕はありませんでした。大丈夫なのかな？　って不安が大きくなっていった。

テレビを観ても新聞を読んでもいい話はなかったでしょ。コロナ禍で自殺者や犯罪が増えている。都庁近くでボランティア団体が食料の配布を始めたら毎回200人が列を作る。ドキュメント番組ではホームレスになってしまった元期間工の人を紹介していたしね。自分はそこまで堕ちることはないと思っていたけど、その一方でそっちの人になったらどうすりゃいいいんだという不安も頭をかすめたし。

売上が激減しているのだから出勤日の調整などもやり、全員の給料もダウンです。具体的には週に2、3日だけの短時間アルバイトの子には自宅待機というか、客の入りが戻ったら連絡するからということにしてもらいました。フロアスタッフもワークシェアみたいにして出勤日数を半分くらいに減らしてもらった。増えた休みにはウーバーイーツとか出前館でアルバイトしていた人もいます。彼らの話を聞くとアルバイトをしても月収は16万円がいいところだったみたいですね。

店長の自分も給料は4月から毎月ダウンで、8月にはほぼ半分まで減らされました。まあ、それでも30万円は超えていたから暮らしが辛くなったというところまでは行かなかった。

自分は店長なので毎日店に出ていましたが暇を持て余していました。お客さんは来ないし、みんなの表情も暗くなっちゃって。どんな仕事でも忙しいっていうのはありがたいことなんだなと実感しました。

あとは人恋しくなってさ。休みの日でも感染したくないからじっと部屋にこもっている。誰とも会わず誰とも喋らずに。テレビと会話していたこともあって、これはいかんなあと思った。

だから食料の調達で飲食店や商店に入ったりするとマスターや女将さんと世間話的なことを喋ったりしてました。以前は絶対にしなかったんだけど、こうでもしないと丸1日誰とも接触しませんからね。

今の状況ですか？　うちの店としてはかなり回復してきています。ただ入店できるお客さんの数を調整しているのでテーブルの稼働率としては7割だな。売上は5割ぐらいです。

目標に届かない日もありますから大変です。系列店も同じような状態ですね。少しずつ人が戻っているがまだ厳しいっていう話でしたから。

10月に入ってからは週末のお客さんが増えました。サラリーマン、しかも新しいお客さんが来てくれるようになったし、地方から出張なり観光で来た人も何人かいらっしゃいました。平日のお客さんも若干は戻っています（著者注：しかし、11月からは新規感染者が増え続け、時短営業要請も出されたこともあり、歌舞伎町全体が再び窮地に追い込まれているようだ）。

出勤調整も少しずつ元に戻しています。幸いなことにうちの店は女の子もスタッフもコロナに感染した人はいなかった。

もう商売替えしようかなんて悩んで休みを取っていたスタッフも、やっぱりここで働きたい、頑張るから戻りたいと帰ってきた。

店の者は無事でしたが常連のお客さんのなかにはコロナに感染したという人が数人いました。もう全快したからうちに遊びに来たわけですが、闘病中の話を聞くとコロナというのは本当に怖い病気なんだなと思います。

40代後半のお客さんは味覚障害がひどかったということです。何を食べても味がしない、美味しくない。最悪の時は、何を食べても口の中に泥か粘土があるようだったと言っていました。

50代半ばで中古車販売の会社を経営している社長さんは、社員たちには感染しないよう口を酸っぱくして言っていたのに自分が感染して面目が立たなかったと笑っていた。この人はウイルス検査で陰性になって退院できたものの2週間近くは倦怠感がひどかったそうです。元気なときは10分もあれば出来ていたことが30分もかかったということだった。ずっと病院にいてベッド上での安静だったから足の筋力も落ちてしまい、歩くのも辛かったそうです。

半月ほどリハビリをしてようやく元に戻ったと言っていた。

女の子たちが言うには、馬鹿っ話と法螺(ほら)話しかしなかったおじさんが急に真面目な話をしだしたり、両親や家族は大丈夫なのかと心配してくれたりと、内面に変化があったお客さんも少なからずいらっしゃいます。それだけ大変だったんですね。

世間一般の考え方では収束宣言も出ていないしワクチンの接種も進んでいないというのにキャバクラ通いかよと眉をひそめる人も多いと思う。だけどこういう時期だからこそ言いづらいことや自分の話したいことを何でも受け入れてくれる場所が欲しいんだと思います。

仕事のこと、収入のこと、健康のこと、将来のことなどに不安を抱えていると思うけど、そういうのを少しでも忘れたいっていうのもあるんじゃないんですかね。寂しい人が多いんだと思う。


偉そうなことを言うつもりはないけど、居場所というか息抜きの場所というか。こういうときだからこそ肩を寄せ合える場所でありたいと思います。

歌舞伎町にはいろいろな人間が吸い寄せられてくる。飲みたいな、自己顕示欲でお金を使ってみたい、いい扱いを受けていい気分になりたい、ちょっとした下心がある、人に言えないような楽しみをしたい。こういう人間が来るところです。

歌舞伎町で働いている夜の街関係者だって同じ。ここで一旗揚げたい、金を稼ぎたい、借金を返さなきゃならない、水商売が性に合っている。歌舞伎町があったから生きてこられたという人もいるんですよ。

よからぬ思いと期待を持って遊びに来る人。歌舞伎町に人生を懸けて流れてきた人。ここは誰でも、どんな事情があっても受け入れる。

それが歌舞伎町、そういう街ですから。

収入激減の生活術

白倉範子（25歳）

最終学歴：大学卒
現住所：東京都葛飾区の賃貸アパート・家賃5万４０００円
職業：食品商社事務職
収入：直近の月収は約16万円
家族状況：独身

20,000

,050
5,000

300

5,000

5,000

3,050
5,000

「最初のうちは何でこんないじましい生活をしなくちゃならないんだと思ったけど、空からお金が降ってくるわけじゃないもの。」

大卒で業務用食品の卸売会社に勤めて3年目。もともと会社の経営状況は悪くなかったが、コロナウイルス流行により社員食堂や給食センターなどの休止が相次ぎ、大幅な売上低下に見舞われた。仕事が減るにつれて給料も減り、倹約生活を余儀なくされているものの、徹底した節制のおかげでどうにか暮らしていけているという。しかし外出自粛によってコミュニケーションの機会が減り、メンタル面では疲弊しているという。

3月から月収が減り続け貧乏暮らしに一直線です。12月25日に給与明細書と今年（20年）分の源泉徴収票を渡されたのですが、総収入は去年（19年）より100万円以上も少なかった。本当にどうしてくれるんだ、コロナウイルスの馬鹿野郎って思いますね。

わたしは18年に大学を卒業した社会人3年目のOLです。勤めている会社は主に業務用の食料品、食材を販売している卸商社です。やや規模の大きい中堅企業というレベルですが経営は安定していると思っていました。お給料がちょっと低めなのが玉に瑕ですが職場の雰囲気も悪くはありません。

会社が取引しているのは給食サービス事業者がメインなのですが、他にも小中高校、大学、病院。中小の食品スーパー、一般のお惣菜店さん、飲食店さんもお客様でした。確実な納入先を多く確保していたので一定額の売上は見込めていたようです。

コロナについては中国の話でしょ、心配し過ぎじゃないのなんて思っていました。だけど緊急事態宣言が出た。学校も休校になった。在宅勤務する人が増えた。街中から人が消えたとなっていくたびに納入先、売上が消滅していきました。

多くの企業がリモート勤務に切り替えたのだから社員食堂は休業、学校給食も中止。飲食店もお客さんが来ないのだから発注がない。こんな状態だから売上は一気にドカンと減ったわけなんです。

わたしは受注、納品手配なども担当していたのですが、大袈裟ではなく8割減という感じでした。これは大変なことになったと青くなりましたね。

4月になると、出勤しても仕事がないという日が何日もあるようになりました。ここでまず残業代が消えました。それまでは残業は毎月25時間ほどあり、残業代は3万5、6000円。これがゼロになったのだから結構大きな痛手でした。

5月に入ると労使合意の上で勤務時間の短縮に踏み切ったんです。当初は1時間の短縮だったのですがすぐに1時間30分になり、火曜日と金曜日は2時間の短縮に拡大されたんです。働いていないのだから当然賃金もその分カットです。これでまた減収ですよ。わたしの場合だと5月は約3万3000円。6月以降は3万5000円近い賃金カットになりました。残業が無くなった分と合わせると月収にして7万円の減額です。

6月は夏のボーナスが支払われる月だけど、これも大幅なカットでした。夏のボーナスは前年の10月から翌4月までの利益分配なんです。

コロナで売上が減ったのは3月半ば以降だけど、いつ収束して元通りに戻るか見当が付かないという理由で前年の半分以下の支給にされました。旅行会社のHISはボーナスをゼロにするという報道があったし、大手企業も軒並み前年比減額ということだったので納得するしかありませんでした。

給与などの明細書は捨てずに取っておいたのですが、19年6月は月給が約23万3000円、ボーナスが34万円出ていました。それが今年6月は月給約16万円、ボーナスは14万7000円に急降下です。さすがに頭が痛くなりましたね。

こうなると生活に直撃してきますよね。月給約16万円というと、手取りになったら12万円台の前半ぐらいの金額なんです。

対して毎月の固定費は家賃（共益費込み）が5万4000円、水道光熱費とNHKの受信料が約1万2000円。通信費が7000円、疾病傷害保険の保険料が1万円。奨学金の返済も1万3000円ありますから、合計すると9万6000円。残るのは2万7、8000円です。これで衣食住から医療費などすべてを賄うのはかなりきつい。

生活していくうえで必要な出費のうち、家賃や医療費は削ることができません。となると削ることができるのは食費と水道光熱費しかありません。でも、食費は工夫とアイデア次第でどうにでもなる。

冗談ではなく毎月の食費は1万2、3000円です。アパートの近くにドンキ、西友、まいばすけっとが2軒あるのでハシゴしながら、とにかく安いものを買い漁っています。特に閉店間際で売れ残り品を処分価格にした肉や魚を底値で買っておくのも大事ですね。その日は使わないけどボチボチ買い集めて冷凍しておけばかなりお得ですよ。元々の値段の4～5割引きになりますから。

肉は鶏肉がメインですね。あとは豚ひき肉や合いびき肉も重宝しています。牛肉は安いオーストラリア産の切り落としぐらいしか買いません。レトルトのカレーもまいばすけっとで売っている54円のもので十分。

昨日（日曜日）は朝がトースト2枚とライフで買ったポテトサラダを半分。昼は鰯の丸干しを1本焼き、納豆かけご飯。夜は親子丼を作りました。食材費は270円ぐらいなものです。お米代を入れても350円程度ですから。さして美味しくもなく高いコンビニ弁当を買うことを考えれば別に苦にはならない。栄養のバランスも考えられるし。

雑誌で倹約術や1食100円以下のメニューなんていう特集があるとコンビニで立ち読みして真似ています。

最近仕入れた知恵は、食品ラップは大手メーカーのものよりドラッグストアのプライベート商品の方が同じ値段で倍の長さがあるってこと。あと長ネギはベランダで作れるんです。空の牛乳パックに100円ショップで売っている園芸用の培養土を入れ、残りが7、8㎝になったネギの下半分を挿しておくとグングン伸びてくるんです。3回は再生できるで納豆の薬味、親子丼を作るとき、お味噌汁などに使っています。

卵料理は腹持ちがいいのでよく作ります。もやしと炒めた豚ひき肉とか、小さく切ったソーセージと冷凍のホウレン草などを具材にしてオムレツを作る。パンにもご飯にも合うし、レシピが10種類近くあるので頻繁に食べても飽きないんです。

1週間の食材費は2500円前後、1ヵ月分のお米代が1800円ぐらい。これで1ヵ月の食費は1万2、3000円です。工夫すれば何とかなるものなんですよ。

水道代も倹約術のおかげで1年前に比べるとかなり安くなった。まずトイレのタンクにペットボトルを入れておくとかなりの節水になる。蛇口に節水コマも付けました。洗濯機を回すときは適量より1段階落とした水量に設定する。お米のとぎ汁は食器洗いに使う。こういう積み重ねで月800円ぐらい安くなりましたね。

テレビや録画機は使うとき以外はコンセントを抜いておく。こうすれば月100円くらいの電気代節約になるんですって。冬場の暖房代を浮かすにはゴミ袋を切って窓ガラスとカーテンの間に貼っておくといいと雑誌に載っていましたね。この冬は試しにやってみようと思っています。

ガス代の節約はテレビの情報バラエティ番組で仕入れました。ゆで卵はお湯が沸騰したら3分で火を止める。蓋をして5分ほっとけば半熟。10分経てば固ゆでになる。乾燥パスタも同様でグラグラ煮るのは3、4分。蓋をして10分から12分待っていれば好みのゆで具合になる

んです。これはおすすめですよ。

今年は服もまったく買っていません。3月から5月まではお店が閉まっていたということもあるけど、その後もある程度の値段がするものを買う気にはならなかったな。基本的にすべてライフかしまむらですね。ユニクロや無印良品は少々お高いのでパスです。

最近じゃディスカウントストアの難あり品も普通に買うようになりました。靴下なんて1足68円ですもの。通勤のときは勿論、ちょっとした外出でも安く買った服を上手くコーディネートして着回しています。

普段の生活の中でもいろいろ倹約するようになりましたね。読みたい本があっても買わないで図書館で借りるか、ブックオフに並ぶまで待つ。お金は必ず手数料のかからない平日の営業時間内に下ろす。自宅から2駅、さもなくば半径3㎞くらいなら自転車で移動する。自治体がやっている住民サービスは最大限利用させてもらう。こんな感じで、少しでも出費を抑えるようにしています。

こういう倹約生活の副作用は物欲がなくなっていくことかな。秋口頃まではドバッと買い物をしてストレスを発散させたいなんて思ったことがある。だけど最近ではあれが欲しい、これを買いたいという気持ちにならない。欲しいものと必要なものは違う。他のもので代用できればお金を使う必要はない。こんな感じになりました。

倹約生活はまだ終わりが見えません。何しろ冬のボーナスはなし、社員一律に2万5000円が一時金として支給されただけです。

わたしは単身者なので何とかなりますけど、家族がいたり住宅ローンがあったりする男性社員は、辞めようかなあなんて愚痴っていましたから。

だけど全日空や日本航空が大赤字だとか、アパレル大手だったレナウンが破産手続をするとかいう報道を見聞きしたものだから本当に退職した人はいません。仮に辞めたとしてもこういう社会情勢では転職先なんてないと思う。そんなことはみんな分かっていますよ。

金銭的なことは今のところ何とかなっています。貯金を取り崩すようなことはなく、減った収入の範囲以内で暮らしていけるから。10月半ばからはほぼ以前通りの勤務体制に戻ったので減収にも歯止めがかかったし。

それでも、精神的にはかなり疲弊しています。

会社に行けば仲間とくだらない話をしたりして息抜きができるけど、週末や連休のときは辛いものがありましたね。どこでコロナウイルスに感染するのか分からないから外出することなく部屋にこもっていました。

実家は府中市なので1時間半もあれば帰れる。でも高齢の祖母がいるので行くことは控えていました。両親、祖母、弟にも会えない。大学時代から付き合いの続いている親しい友人とも会えない。

こんな閉鎖的な環境で暮らしていると、世の中とはどこか切り離されてしまったような疎外感にさいなまれる。「ああ、誰かと話したいな」って思いました。

だからいつも通っている美容院が営業を再開したときは嬉しかった。普段ろくに話さない分、カットしてもらっている間ずっと美容師さんとおしゃべりしてましたよ。以前は雑誌をパラパラ見ているだけだったけど、誰かとどうでもいい世間話をすることで精神的に安定するとは思わなかった。

社会も何かギスギスしていった感じでしょ。電車の中でクシャミひとつしただけで睨まれたこともあった。つい最近も、スーパーでマスクをしていない人がお店の人から注意されたことにマジ切れして怒鳴り散らしていた。何だか生きづらい世の中になってしまったなあと思います。緊急事態宣言が解除されて社会活動が徐々に元に戻っても、一方で感染者数はなかなか減らないじゃないですか。また外出自粛だとか外国みたいにロックダウンなんかになったら精神的に持たないと思います。

一番心配しているのは、コロナでリストラされることです。

この数ヵ月は失業率が高くなってきているし、有効求人倍率も下がってきているでしょ。あれこれ考えちゃいますよ。今は1日も早く平穏無事な生活ができるようにと願っています。

細切れ仕事で食い繋ぐ

古谷達雄（58歳）

最終学歴：高校卒
現住所：東京都練馬区の都営住宅・家賃４万８０００円
職業：パートタイマー
収入：月収約25万円、他に妻の月収が８万円ほど
家族状況：妻と２人暮らし、長男と長女は独立

「はっきり言って生活はとても窮屈だよ。今はとにかく安いものを買うために腐心している。」

工業高校を卒業してから大手電機メーカーの工場に就職したが、バブル崩壊による打撃を受けてリストラされる。建築資材の製造工場へと再就職を果たしたが、リーマンショックによる業績悪化を理由に2度目のリストラ。ビル清掃の仕事にありつけたが、コロナウイルスの流行で一変、激務だったはずの仕事が次々になくなり、人員削減のため3度目のリストラに遭う。現在はパートタイマーとして働きながら再々々就職活動中。

今のところは何とか生活していけている。だけど半年後、1年後はどうでしょうね？　考えると気が滅入っちまう。本当にわたしの人生は右肩下がりだからさ。

実は7月半ばに勤めていたビルメンテナンス会社を整理解雇されてしまいましてね、今は短時間のパートタイマー的な仕事をいくつか掛け持ちして細々と暮らしています。今のところはまだ普通の生活を送れているけど、やっぱり不安は大きいね。

わたしは都内出身で、81年に都立の工業高校を卒業してT芝の工場に就職しました。就職が決まったときはいい会社に入れると喜んだけど、実際に働き始めると辛かったな。工場は三交替制だったし、仕事も単調極まりなかった。自分で考えたり工夫したりすることは要求されず、マニュアル通りの製造工程を時間通りにやっていく。自分が機械の一部みたいだと思ったものです。

こんなだから辞めていく人が多かった。同じ工場に高卒で入ったのは全部で200人ぐらいいたのですが早い人だと3ヵ月もしないで辞めていた。入社したときに教育係をしてくれた5年上の先輩もその年の暮れにボーナスを貰ってから退職しました。「もうこんな単純労働は耐えられない」と言っていましたね。

わたしの場合は「所詮高卒の現場要員、こんなものだろう」と割り切っていました。確かに仕事はつまらなかった。だけど他に何かできるかって問われると答えられなかったし。

だから1日のうちの8時間から10時間を売ってお金に換えている。そう思って我慢してい

ました。

そのうちバブルが来て多少はいい思いもできました。収入的にも大卒の本社採用組とは比べようもないけどそこそこ貰えましたからね。バブルの真っ只中だと半期のボーナスが40万円出たこともあって。経済的にはいいときもあったんです。ほんの一瞬だったけど。

結婚したのは30歳のときでした。ところがバブルが崩壊してさ。ここからずっとダラダラと右肩下がりです。

リストラとなると製造業なり小売販売業はまず現場から。わたしの場合も4年間で3回もリストラがあり、97年の年末で自主退職に追い込まれましたよ。上の男の子が2歳、娘は生まれたばかり。じっくり次の仕事を吟味するなんて余裕はありません。

翌年（98年）の3月に職安の紹介で建築資材の製造工場に作業職として入社したわけです。この仕事も重労働でしたよ。玄関ドア、網戸、サッシ、天井用の石膏ボード、床板材などを製作していたわけですが切り傷、擦り傷、軽いやけどは日常茶飯事でした。重たい資材を持ち上げたり台車で移動させたりもするので腰も痛くなってね。コルセットを巻きながら働いていたこともありました。

収入もそれほどではなかった。基本給部分が低く設定されていて諸々の手当で補填するという賃金体系でした。わたしの場合ですか？　基本給は22万円で残業代、作業職手当、精勤手当など合わせて月給30万円程。賞与込みで年収約４２０万円といったところだった。昇給はほとんどなかったからずっとこの金額でした。

この会社には足掛け11年勤めたのですが08年にリーマンショックというのがあったでしょ。その影響なのか業績が急激に悪化したということで翌年の5月にリストラがありまして。

設計技師やデザイナーは残すけど作業員は半減させるということで退職する羽目になりました。とりあえず退職金は出たけど年齢が47歳になっていたから次の仕事を見つけるのは大変だった。半年以上もハローワークに通ったけど希望した会社からはことごとく断られて。最後はハローワークの強い指導で職業訓練を受けました。ビル管理の講習と実習で、早い話がビルメンテナンス（清掃）の仕事です。

実習の受け入れ先だった会社がそのまま採用してくれまして、何とか再々就職できたわけですが労働条件は「えっ？」って言うぐらい低かった。

現場の労務職とはいえ正社員なわけですが賃金はずっと日給月給制でしたもの。入社したときの日給が8時間労働で8000円。10年勤めた今年（20年）の日給は8400円、安いでしょ。具体的な月収だと20日出勤、平日残業30時間、月に3回土日に出勤。これに監督手当、精勤手当、住宅手当、家族手当が付いて約26万円。賞与も出るけど半期で15万円ぐらいだから年収にしてざっと340万円。こんなものでしたよ。

手取りの収入だともっと減るわけじゃないですか。とてもじゃないけど暮らしが維持できないから母ちゃん（妻）にも働いてもらうしかありません。

宅配便の地域センターとかドラッグストアの販売などのパート仕事で年収約90万円ぐらい確保してくれた。これが頼みの綱という感じでしたね。

ビル清掃の仕事ってのはテナントさんがまとまった休みを取るゴールデンウィーク、お盆休み、年末年始がピコーンって忙しくなるんです。去年（19年）の12月だと平日残業80時間、深夜労働10時間、土日出勤4回という激務だったけど1月に貰った明細書は35万円と少々の金額が記入されてましたからね。

ところが、年が明けたらコロナウイルスなんてわけの分からない流行病のせいで仕事が激減しました。もう滅茶苦茶になりましたよ。3月の半ば頃まではわたしが配置されていたオフィスビルは普通の状態だった。

ところが政府が緊急事態宣言を出したら一変でした。まずどこのテナントさんも出勤してくる人が3分の1以下になった。

在宅勤務が広がると出社してくるのは日に7、8人。こんなだからお掃除は必要ありませんというわけです。

毎日5人の作業班でゴミ回収、机上拭き、掃除機がけ、喫煙室があれば吸い殻の回収や灰皿の洗浄などをやっていたのですが、こういった仕事が次々となくなっていった。出勤してくるのが毎日7、8人だけ。ゴミの量は少ないし、さして汚れていないから掃除機がけは週末だけでいい。こんな塩梅でした。

ビルのオーナー不動産会社からはエレベーター、エレベーターホール、廊下、階段、地下駐車場などの清掃も委託されていたけど、これも今までの4分の1ぐらいまで減らされた。そりゃそうだよね、人が来ていないんだもの。

ビルの1階、地下1階には数店の飲食店、美容院、診療所や歯科医院、スポーツジムも入っていて、こういうところのお掃除も受託していたけど長期休業したり退去したりでやはり仕事がなくなりました。

こうなると人減らしです。最初にパートさんとアルバイトさんに辞めてもらう。次は契約社員の雇い止め。最後は正社員、現場主任などの配置替えや退職勧奨。

わたしの場合だと、6月上旬に会社から採算が取れないので9月末で清掃業務の委託契約を終了することになった、異動先もない。こういう事態なので自主的に退職してくれと会社幹部に拝まれたわけです。

わたしを含めて4人の正社員全員が余剰人員ということで退職するよう要請されたわけですよ。辞めるとなったら早い方がいいでしょ、会社に未練なんてなかったから「はい、分かりました」で翌日には退職届を出しました。退職金は出たけど大手さんのような割増金なんてありません。次の仕事の手当てもなし。所詮、下請けの中小企業のリストラなんてこんなものだよ。

辞めた翌日からハローワーク通いを始めたけど正社員の仕事は少なかった。逆に言えば有期雇用、短期契約、パート・アルバイトなどの有効求人倍率は2～3倍。

ここは正社員にこだわるよりとにかく食い扶持を確保した方がいいと思った。少ない退職金に手を付けるのは危ないと思ったし。

今は3つの仕事を掛け持ちしています。1つ目はマンションの通勤管理人で勤務時間はゴミ収集日かそうじゃない日かで若干違っています。可燃ゴミの収集が火曜日と金曜日、資源ゴミが木曜日、不燃ゴミが第1、第3の土曜日でしてね。これらの日は7時30分から11時まで、その他の日は8時から11時までとなっています。公休日は日曜日と水曜日です。

仕事の内容は簡単なものでしてね。ゴミ収集日はマンション敷地内の一時保管場所から公道に設けられている集積所へのゴミ出し。あとは建物の共用部分の掃き掃除と水撒き、エレベーター内部の掃除機がけ、各階のエレベーター扉の拭き掃除。駐輪場と駐車場の掃き掃除もやります。1ヵ月の労働時間は70時間前後だね、時給は1100円なので7万7000円の月収ということになる。

2つ目は自宅近くの食品ミニスーパーのレジ兼品出し、これは正午から午後3時までの仕事です。ここも時給は1100円です。休みは週1、先月は27日も出勤したので8万9100円の収入でした。

3つ目の仕事は病院の給食調理補助と配膳、下膳。自宅から私鉄で1駅のところに大学病院がありまして。そこの給食サービスを請負っている会社のパートです。ここの時給は少し高くて1200円です。わたしは夕飯担当の班なので、勤務時間は4時30分から7時30分までの3時間。

ここは隔週で週休2日のローテーションなのですが、咳が出る、熱が37度以上あるという場合は強制的に休まされます。欠勤が重なったら残業するし、公休日を返上して出勤することもあるんです。先月は体調不良で欠勤した人が多く30分の残業を7日やりました。なので給料は8万3400円でした。

仕事を3つ掛け持ちしても月収の総額は25万円。多いか少ないかと言われたらやっぱり少ないと思う。

妻はヘルパー3級を取りまして、居宅介護サービスの会社で家事支援の仕事をやり始めました。高齢者の介護保険内での生活支援で病院への付き添い、お宅のお掃除、お買い物などが業務だそうです。

妻もパート労働なのですが時給はわたしより高くて1300円。扶養の範囲を超えないように1ヵ月の労働時間を60~65時間に調整していて、去年（19年）の年収は99万円ぐらいだった。サービスセンターの所長さんから1日6時間勤務の定時制準社員にならないかと言われたそうです。だけどストレスも多いからそんな働きたくないと断ったそうですよ。まあ、いろいろあるのでしょう。

今現在の生活はどうにかなっている。収入はわたしの分が約25万円、妻の分が8万円と少しあるので世帯月収は概ね33万円あります。だけど余裕はない。何しろ社会保険料が高いから。自治体の国民健康保険と国民年金の保険料が２人分で毎月８万円近くになるんです、これには驚いたね。

あとは家賃ですね。幸いなことに都営住宅に入れたので家賃は毎月４万８０００円で済んでいるのですが。これに電気、水道、ガス、通信費の固定額がほぼ毎月３万円。何だかんだで約16万円は必ず出ていく。税金もあるから食費その他の生活費として使えるのは15万円が上限です。

家の周辺には大手スーパーやホームセンターが数店ありましてね。月曜日と火曜日は妻がイトーヨーカドー、木曜日はわたしがライフ、土曜日は２人でサミットへ。こうやって食料品を1円でも安く買うようにしています。特に冷凍食品は４割引、半額じゃなきゃ絶対に買わない。食パンも1斤79円のプライベート商品で我慢。お米も安いオーストラリア米をよく買っている。

かなり倹約疲れを感じていますよ。いい歳をしたおっさんが閉店間際のスーパーで半額処分になった肉や魚、惣菜類を拾い買いしているわけだから。

夫婦の距離感も微妙ですよ。コロナで亭主が自宅待機になった、在宅勤務になったというのがきっかけで別居したり離婚したなんて話があるでしょ。あんな感じだよ。喧嘩したとか

言い争ったということはない、だけど狭いところで顔を突き合わせていると何となくうっとうしくなるんだな。

妻も同じことを言っています。だから2人とも休みの日は時間をずらして図書館や文化センターに行ったり買い物に行ったりして、1人の時間をつくるようにしているんです。

これから先のことはどうしようかと考えています。いつまでもパート仕事の掛け持ちじゃまずいしね。やはり会社の社会保険に入れるようにしたい。10月に入ってからハローワークに通い始めて情報収集しています。

現実的には前と同じ清掃・建物管理。さもなくばタクシードライバー、警備員、介護。こういう職種は募集が多いんです。もうお掃除の仕事はいい、介護も性格的に無理そう。タクシーは収入が不安定。そうすると警備の仕事がいいのかな。

ハローワークの担当さんが言うには工事現場やイベント会場の警備はきついけど学校や病院、公的施設の警備はそれほどでもないという話でした。大手系列だと日勤、夜勤を交替でやって若干の残業もすると月収25万円にはなるらしい。これならいいかなと思うんだ、新たな募集があったら手を挙げてみるつもりです。

親が職業的に苦労している姿を見てきたからなのか、息子も娘も実に堅実な職業選択をした。息子は地方公務員、娘は看護師として働いている。親としてはひと安心ですよ。

コロナ禍で思ったこと？　そうね……。

全ての安定は、仕事があって少ないながらも定期的な収入が確保できていること。

これに尽きると思う。

細切れ仕事で食い繋ぐ
古谷達雄（58歳）の場合

1981年4月
大手メーカー
工場勤務
↓
1998年3月
リストラで
建築資材工場へ
↓
2010年1月
再びリストラで
ビル清掃業へ
↓
2020年6月
退職勧奨を受け
失職、パートを
3つ掛け持ち

◎再就職の現状

ハローワークの風景

2020年から猛威を振るう新型コロナウイルスの感染拡大は、日本の経済および雇用に深刻な問題をもたらしている。製造業、飲食業、小売業、宿泊業などさまざまな業界が大打撃を受け、新型コロナウイルス関連の解雇や雇い止めが非正規労働者を中心に相次いでいる。その結果、職を求めてハローワークに足を運ぶ人々の数も増え続けているようだ。

求職者が実際にハローワークで職探しをするとき、どのような求人にたどり着くのだろうか。少し古い話になるが、参考のため、筆者が2015年前半に都内のハローワークを訪問したときの様子を記してみた。

◆ハローワーク新宿

最初に訪れたのは新宿駅西口のバスターミナルを見下ろすエルタワー23階にあるハロー

ワーク新宿。受付で初めて来たことを告げると求職登録するようにとの指示があった。所定の用紙に氏名、住所、希望する職種や勤務地、収入のほか、直前の仕事内容や職歴などを記入し提出するとハローワークカードが発行され、相談員が求職活動のやり方などをアドバイスしてくれる。

仕事探しは窓口で具体的な求人情報を示されることもあるが、基本的には来訪者用のパソコンで求人情報を検索することになる。希望の求人があれば窓口に示して企業へ連絡してもらう。採用試験、面接を受けるにはハローワークの紹介状が必要だということだ。

また、各ハローワークでは管内分の他に近隣や通勤可能エリアの企業の情報も検索することができるので、あちこちのハローワークをハシゴする必要はない。

ハローワークの中は人で溢れていて、老若男女が100台ほどあるパソコンに黙々と向かっている。

行列に並んで順番カードを受け取る。30分ほど待ってやっと順番がまわってきた。早速、53歳、希望職種は事務、希望月収30万円、東京23区を就業希望地として入力すると、該当する求人件数1604件と表示された。年齢を30歳と偽って入力してみたら該当する求人件数は2849件。その差、実に1245件。やはりというか年齢による差を思い知らされた。

53歳でも応募可能な求人の詳細はというと、次のようなものだ。

乾物卸会社＝経理事務全般（給与計算、備品発注、労務書類整理など）。給与30～35万円、他手当あり。

建設会社＝請求書作成、資材発注、給与計算など。ＰＣ基本操作（エクセル、ワード）要。総務実務経験ある方。給与32万円～。

希望職種を営業に変更し、同じように検索したら、30代では２８３６件の求人があったが50代だと１９９７件で８３９件の差がある。給与面は年齢階層にかかわらず20～30万円というのが一般的な金額だった。

募集が多いのは介護・福祉関係だが給与などの条件はあまり良くない。仕事のきつさと責任の重さを考えたら、やりたいという人は少ないだろうなと思うのが正直なところ。飲食関係、物販接客も求人が多いが正社員での採用よりパート、アルバイトが主流だった。

年齢、学歴、職歴不問という求人も何件か発見したが業種にかかわらず現場要員で、明らかに捨て駒だとわかる。こういう求人はハローワークで取り扱わない方がいいのにと思うのだが。

ひと通り求人情報を閲覧してから、人の切れ間を見計らって職員さんへ相談をしてみた。

年齢が59歳まで可となっている求人に応募したとして採用される見込みはどれくらいか尋ねてみたら、「容易でないのが本当ですね」との答えが返ってきた。応募はできるが30代、40代の人の応募が多ければはじかれることがあるそうだ。「50代の方の再就職は難しいんですよね。第１志望の会社にすぐに採用されることはなかなかありません。職種や賃金はどの程度の条件までなら譲れるかを見極めて就職活動しないと、いつまで経っても決まりません」と忠告されてしまった。

職員さんのアドバイスによると、50代で求人が多いのはタクシーや運送業、警備、建物管理、清掃など。これらの仕事は慢性的に人手不足で常時募集を受け付けているから採用されやすいということだ。

そうは言っても年中募集しているのは仕事がきつかったり労働条件が低いということの裏返しだから、二の足を踏んでしまうのが本当のところだろう。

「求人を探すときは月収にこだわらずに探すと多数ありますよ。それらの求人を見たうえで月収20万円ぐらいから徐々にしぼっていったらどうですか。最初は正社員ではなくパートや契約社員から入っていくということも考えてみてください」

こう言われてしまったら「そうですね」と言うしかない。現実は厳しい。

◆ハローワーク渋谷

次に訪ねてみたのはハローワーク渋谷。ここも来訪者で溢れていた。場所柄からか若い層の求職者が多い印象。求人検索用パソコンの順番待ちをしている間はロビーに置いてある職業訓練の案内書を見てみた。昔は都立の職業訓練校があり、半年から1年間通学して勉強していたはずだが、今はほとんどのコースが外部委託されているようだ。

小一時間待って求人検索を開始。好調だと言われている製造業の求人情報を見てみる。

年齢不問も多いが45歳までとなっているものも多数。求人企業の規模は中小、小規模事業者が大半。

印刷会社は年齢59歳まで、経験不問で印刷機オペレーターを募集していたが給与は20～35万円。経験者優遇と記してあるから未経験の人は20万円からのスタートなのだろう。

金属加工会社の機械操作は経験不問だが45歳未満。勤務は三交替制で給料21～27万円、賞与年4ヵ月。中小企業退職金共済会加入、独身寮有。大手企業の出身者には理解できないだろうが、中小企業ではこれはかなり上質の求人だと思う。

中高年でも国家資格や特殊免許を持っている人は強い。設備工事会社の電気工事士、通信工事士は給与35万円以上と破格。ただし一種、二種電気工事士、施工管理技士の資格と10年以上の実務経験が必須。

対して下請けの製造業での現業職となると月収は22万円前後のものが大半。年齢、経験不問となっているが元ホワイトカラーでは務まらないだろうなと思うのが正直な感想だ。

次に求人数が多いとアドバイスされた職種を検索。確かに多い。トラックドライバーの求人件数は4000件を超えている。こういう仕事は学歴不問で年齢も55歳までと門戸は広い。賃金はどうかというと2トン車で24万円、4トン車は27万円、大型車なら30万円というのがひとつの目安みたいだ。

タクシードライバーの募集も多い。スポーツ新聞に載っている求人広告だと月収35万円可というようにザックリした数字しか出ていないが、ここでは固定給22万円+歩合給とか月給15万6000円+歩合給と記されている。固定給部分が低いと歩合率が高く、逆に固定給部分をある程度保証している場合は歩合率が低いということだろう。いくつかの会社は在籍ドライバーの平均月収も記載していたが30〜33万円が大方の金額だった。

清掃サービス会社の求人も多数、ただし賃金は低めの設定だ。正社員でも月給は16万円台、契約社員の場合は日給7500円前後。残業や休日出勤をこなさなくては年収200万円がやっとという数字。家族がいたらきついな……。この業界はフルタイムの人より2〜3時間30分のパート、あるいは土日祝日のみ8時間のアルバイトという募集の方が多い。時給だと1000円がほとんど。ダブルワークにはいいのかなと思わなくもない。

警備・保安の仕事も求人が多いが正社員でも日給月給制がほとんどだ。交通誘導だと日給7800〜9000円。施設警備の場合だと勤務時間は三交替制、二交替制、丸1日勤務で翌日が明番(休み)と多様。賃金は三交替制なら日給8000円、二交替制が1万3000円、1日通しの勤務だと1万7000円ぐらい。某警備会社の参考例だと日給8200円×24日出勤、プラス精勤手当で月収20万1800円となっていた。

せっかく来たのだからとプリントアウトしたのは医薬、医薬部外品販売会社の営業職。配置薬（置き薬）の既存顧客向けのルートセールスで59歳まで可、給与22万円～（他に褒賞金）。

それから大手電機メーカー直系の事務軽作業代行会社。こちらは某大手電機メーカー本社内で社内郵便物の集配や簡単な事務作業を担当するというもの。年齢についての欄は空白だがPC操作できる方となっている。月給は21万円以上だが1年ごとの契約社員。

仮定の話として、もし自分が本当に再就職先を探しているとしたら応募できるのはこれぐらいが現実的なものだと思う。

ロビーに出て数人の来訪者に話を聞いてみたが景気のいい話は聞くことができない。40歳だというマンション販売会社の営業マンは、会社が業績不振でリストラの噂が流れているということで、もしものときに備えて様子を見にきたということだ。

不動産営業の仕事は募集が多いが、採用時は契約社員で業務実績を見て正社員にというものが結構ある。給料も今より大幅ダウンは避けられない。

「こんなんじゃ転職する意味はないね。もうちょっと踏み止まった方がいい」

こういうところに来なくていいように頑張りますよと言い残して帰っていった。

22歳だという女性は短大を出て食品会社に就職したそうだが学校に来ていた求人票は嘘ばかりだったという。

「募集職種は一般事務職で総務とか人事とかオフィスワークだと言っていたのに、研修が終わったら工場の製造ラインに配置されたんです。面接のときには大手とも取引があるといっていたのに、それも大嘘でしたね」

低めに温度設定された工場での立ち仕事だから肩や腰の痛み、慢性的な冷えで身体がパンク。2ヵ月前に辞めてハローワーク通いを続けているということだ。

「これまでに数社の面接に臨んだけれど、ハローワークはあまり期待できませんね。求人票には正社員となっていたのに、面接してみたら試用期間があったり、仕事の内容と賃金が釣り合っていなかったりすることがありますよ」

今日もいろいろ求人検索をしてみたが、希望の事務職は狭き門。肉体労働や接客業をするぐらいなら派遣でも事務職の方がいいと思い始めているそうだ。

「実家暮らしなので生活が成り立たないということはありませんが、両親からは『ちゃんとしてくれ』とプレッシャーがかかっています」

自己都合退職なので失業手当の給付はまだない。今はパン屋さんと100円ショップのアルバイトを掛け持ちして月収は約12万円ということだった。

外に出て数歩もしないうちに「はい、どうぞ」と押し付けられるように渡されたのが、人材派遣会社の募集案内。実はどこのハローワークでも出口付近に直接勧誘してくる輩(やから)がいる。不安定な労働条件ではハローワークに求人登録できないからだ。生命保険会社が歩合制の保険販売員を調達しに来ていることもあるし、以前は日雇いの飯場(はんば)仕事に近い建築関係の作業員を勧誘していたこともあった。

どんな仕事があるのかと一読してみたが、やはり製造業派遣が大多数。
・半導体製造マシンオペレーター、日給9000円、月収例28万円。
・液晶部品の製造・検査、時給1300円、月収30万円可。社会保険加入、赴任交通費支給、資格取得制度あり、ワンルーム寮完備（無料）、入社祝金10万円支給。
夢のような厚待遇だが話3分の1と思っていた方が賢明だろう。

駅中コンビニのラックに突っ込んであった求人情報誌も見てみたが、募集しているのは飲食、物販、建築作業、介護、清掃、警備、コールセンター、陸送、軽作業ばかり。そして8割近くがアルバイト、パート、契約社員という雇用形態だ。

雇い主が欲しているのは人件費を低く抑えられる人たちばかり。雇用の劣化は以前にも増して進んでいるというのが正直な感想であった。

ハローワークの風景・完

【第2章】

栄光からの転落

脱サラ・起業したけれど

白井晃（53歳）

最終学歴：大学卒
現住所：JR池袋駅近辺
職業：風俗店のティッシュ配り、引っ越し業者の臨時作業員
収入：日当8000円程度
家族状況：独身、離婚歴あり

「妻の人を馬鹿にしたような態度を見て、無性に悲しくなったよ。その日以来、家には帰っていません。」

大学卒業後大手デパートに入社。売り場に勤務した後、外商部に異動。優秀なデパートマンだったが、バブル崩壊後の消費不況と多角経営の失敗で、会社の経営状態は悪化。98年に希望退職に応じ退社。デパート時代の人脈を活かし、横浜市内にブティックを開業する。しばらくの間は安定した経営だったが、01年頃から下降線に。借入金が膨らみ閉店を余儀なくされた。

一昨年（03年）の暮れまでは横浜で小さなブティックをやっていました。経営が成り立たなくなって閉鎖してみたものの、次の仕事なんてありません。気が付きゃ簡易旅館で暮らすようになってしまった、早いとこ定職に就いて元の生活に戻りたいんですがね……。

わたしは76年に大学を卒業してSデパートに入社しました。都心の大型店の婦人服売場を振り出しに15年間で店舗3つ、売場5ヵ所に勤め、都内の基幹店の外商部に異動しました。

バブルの真っ只中でしたから面白いように売れましたよ、しかも高価格のものからね。高級和服、ブランド物の時計、宝石、美術品。1点100万円、200万円するものだって羽が生えたように売れましたよ。

法人営業も好調だった。お中元やお歳暮のシーズンは商社、銀行、保険会社、不動産会社などから1000個単位の注文が殺到しました。1回の注文で500万円、600万円の売上が普通のことなんですよ。それだけ景気が良かったんだな。

デパートの外商というとカタログや商品情報を持って、こまめにお客さんを訪ねて営業するのが当たり前なんですが、バブル景気の最中はデスクに座っていれば電話やFAXで注文が舞い込んできました。「3カラットのダイヤはないかしら」「レンブラントの絵が欲しい」「アルマーニのスーツを5、6着持ってきてくれ」なんて塩梅だったよ。中でも凄かったのが新興の不動産会社の社長で、娘の結婚式の引き出物に10万円の伊万里焼の絵皿を100セットも注文してきた。いかにも成金って感じだったけどいい客だったな。

Sデパートは一貫して店舗を拡大し、多角経営を推し進めてきたからポストも豊富にありました。外商部に移ったのは38歳のときだったけど職位は課長でした。老舗のデパートではまだ係長の年齢ですよ。経営幹部は強気の営業方針を唱えていたので、この先、会社も自分も更にグレードアップしていくものだと思っていました。

ところがバブルが弾けたら状況が一変した。積極的に出店した地方都市の店舗は軒並み営業不振。大都市圏の店舗も売上が鈍り、出店のための借入金返済が経営の大きな重荷になってしまったんだ。社長は引責辞任して新社長が就任したけど銀行管理みたいなもので、猛烈なリストラに見舞われました。資産の売却、不採算店のスクラップ、人員削減の連続だった。

特に人減らしは強烈だった。どの部門もスタッフが２割削られ１人当たりの仕事量が大きく増えました。

だけど経費削減だからいくら残業しても30時間でカット、あとはタダ働きです。人手が足りないから有給休暇も取れません、過労で倒れる人が何人もいました。

97年には職制と賃金体系も改定されました。わたしは外商部の副部長に昇進したんですが給料はヒラの営業マン並みに下げられました。資格手当や管理職手当がカットされ月収が６万円もダウンしました。さらに半年後にはまた賃金カットがあり、基本給が15パーセントも下げられたんです。年収だと１５０万円以上のダウンです。これでは働く意欲が薄れます。

そのうえ別会社になっている地方の店舗への異動を示唆されました。早い話、嫌がらせだよ。

何でこんな扱いをされるのかと思いました。

早期退職者の募集があったのは98年の9月頃でした。こんな会社にいたってロクなことはないと思い、辞めることにしたんです。

コケにされてまで会社にしがみ付くなんて惨めでしょ、割増の退職金を貰って辞めた方が得だと思いました。辞めたことに対しては後悔していません。Sデパートは結局破綻しちゃったものね。最後まで残った人たちはきっと大変だったでしょう。退職金だってほとんど出なかったらしいからね。それに比べたら、わたしは定年まで勤めたのと同じくらいの退職金を貰えたからね。早いとこ見切りをつけたのは間違っていなかったと思います。

Sデパートを退職した時点で再就職するつもりはありませんでした。辞めたとき46歳でしたからね。わたしだって馬鹿じゃないから不景気の真っ只中に50歳間近の男がいい条件で新しい職を得られるなんて思いませんでした。ならば自分で事業を始めた方がいいと思ったんだ。

約25年間デパート勤めをしてきたのでメーカーさん、卸問屋さん、輸入業者さんとパイプを持っていたし、外商部時代にお付き合いしたお客さんのリストも持っていたからそれなりの目算がありました。

約半年間の準備期間を経て横浜で婦人服とアクセサリー類を扱うブティックを開業したの

は99年の3月でした。店は市営地下鉄の桜木町駅から5分のところにあるビルの1階を借りてオープンしました。バックヤードを入れても20坪の小さい店ですがね。開店費用は契約金と内装工事で200万円かかったのですが、半分は雇用保険の給付金で賄いました。

自営業を目指すと雇用保険は受給できないんだけど背に腹はかえられないでしょ。認定日に職安へ行って仕事を探すふりをして雇用保険を支給してもらっていたんです。生活費はスーパーのアルバイトで捻出していましたよ。

お店は桜木町から関内に通じる大通りに面していたので人の流れが多く、自分で予想していたより客の入りは良かったんです。思いの外、若い人が立ち寄ってくれてね。滑り出しは上々だった。デパート時代のお客さんからも贔屓にしてもらいました。富裕層の人たちが多いものだから値の張るホームドレス、スーツ、コートといった物をよく買ってくれました。こういうお客さんは友人、知人を紹介してくれることもあったのでずいぶん助かりました。

開店して2年間はすべてうまくいっていました。売上、利益とも安定していたし借入金のない無借金経営でしたからね。

売上が落ち始めたのは01年の冬頃からです。セーターやダウン製品などは前年の半分ほどしか売れませんでした。デパート、スーパーが一気に値下げしたのが響いたんです。デフレの影響をまともに受けた感じだった。

利益率の高い毛皮やブランド物のバッグなどは5割引にしてやっと売れたという状態でした。セーター、スーツ、ダウンジャケットなんかは値引きしても半分以上売れ残った。どうしてこんなに売れないのかと思いましたよ。売れ残った品物はディスカウントストアに流したんだけど、ひと冬で150万円近い損を出してしまいました。これを境に下降線の一途です。来客数、1人当たりの購入金額、利益率、どれも落ち続けるばかりだった。

最大の打撃は仕入れルートが途絶えたことでした。付き合いのあったメーカーや卸問屋がバタバタ倒産したり廃業したりで、商品の仕入れが思うようにできなくなりました。

他のところと取引して穴を埋めたんだけど付き合いのないところだったから条件がきつかった。特に支払いがね。こっちの手形、小切手は一切お断りで現金決済っていう条件だった。それでも仕入れたものがすべて売れれば問題なかったけど、不況の煽りで相当の品物が売れ残ってしまい赤字続きでした。うちみたいな個人商店ではまともな金融機関は融資なんてしてくれません。かといって悪名高い商工金融に借金するのは危険でしょ。

Sデパートを辞めたときの退職金を注ぎ込んで商売を続けていたんですが一向に回復しませんでね。店の家賃を払うのも苦しくなってしまい廃業することにしたんです。一昨年（03年）の年末に店を畳みました。

廃業後は職安通いをして勤め口を探しましたが51歳ですからね。職安には求人ファイルさえありません。仕方ないからアルバイトやパート仕事を繰り返していました。持ち帰り弁当屋の店員、住宅展示場の清掃員、ファミレスのホール係、不動産会社のチラシ配り。こんな仕事を2、3ヵ月で転々としていました。収入はひと月15、6万円ぐらいしかありませんでした。住宅ローンはなかったけど妻にも働いてもらわなければ生活が立ち行かなかった。

家を出たのは去年(04年)の9月、お彼岸の頃だった。理由は夫婦喧嘩です。

晩ご飯のおかずがスーパーで買ってきたコロッケだったんだ。妻も働いているので食事はインスタントのものとか出来合いのものが多くてね。嫌みで言ったわけじゃないんだけど「同じ物ばかり食ってるな」なんて言ってしまったんです。そしたら妻に「文句があるなら自分で料理しなさいよ」って怒鳴られた。お皿を投げつけてきたよ。

商売が下火になり始めた頃から妻は終始イライラしているようでした。お金のことで衝突したこともあったしね。わたしのくだらない一言が癇(かん)に触ったのでしょう、元はといえばこっちの責任ですからね。言葉もありませんよ。翌日、アルバイトに行くときに声を掛けたんだけどブスーッとして返事もしなかった。妻の人を馬鹿にしたような態度を見て無性に悲しくなったよ。その日以来、家には帰っていません。

もうすべてが嫌になった。疲れたんだ。

たまにテレビのワイドショーなんかで家出人捜索の公開放送をやるじゃない。以前はああいう番組を見ても、家出したり蒸発したりする人の感覚は理解できなかったけど、今はなんとなく分かるような気がするよ。言葉では上手く表現できないけどね。

兜町けものの道

上條昌彦（51歳）

最終学歴：大学卒
現住所：新宿区新大久保の簡易旅館
職業：個室ビデオ店店員
収入：日当1万5000円
家族状況：独身、妻子がいたが16年前に離婚

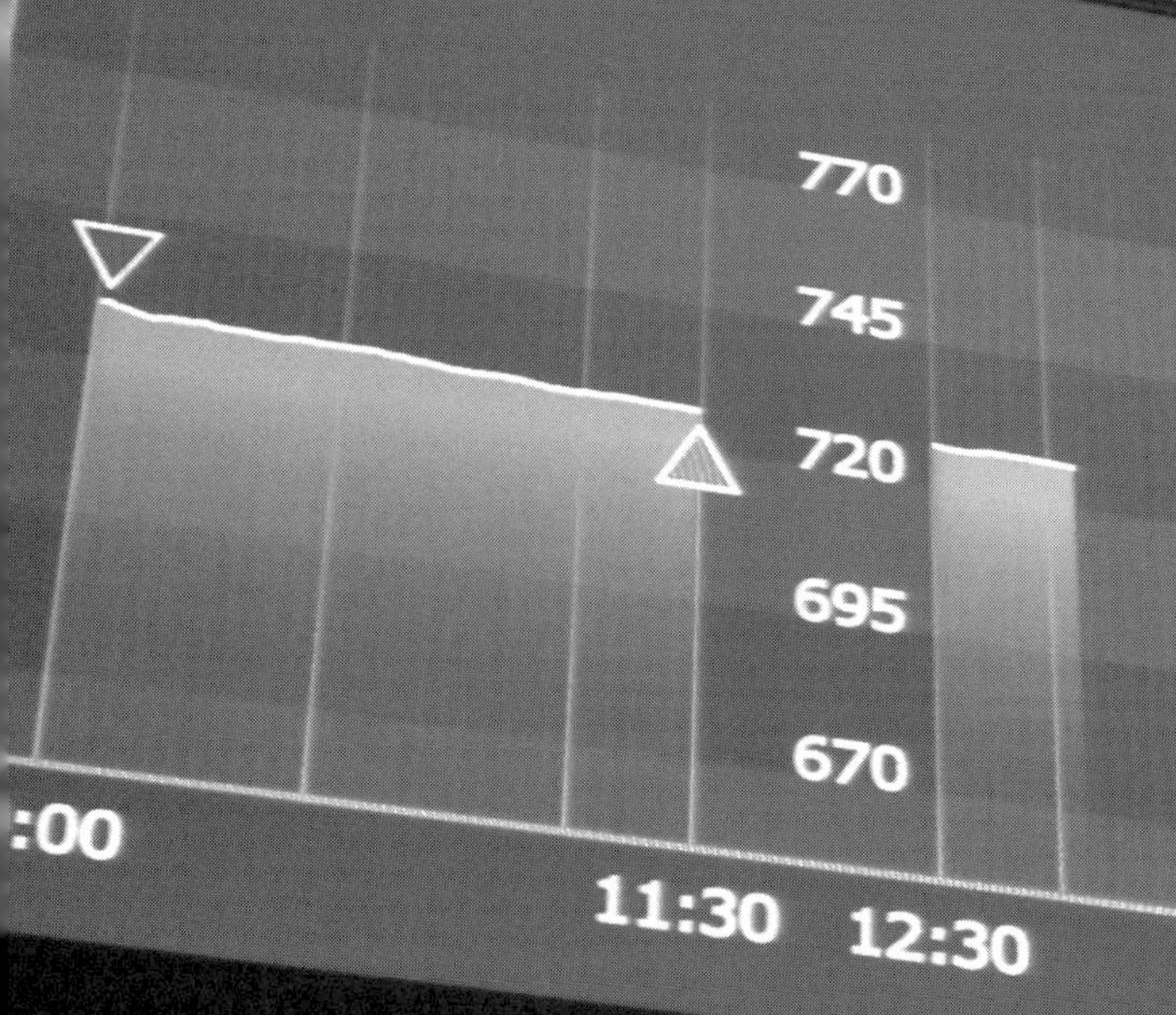
TOPIX
現在値
Current
前日比
Change
始値
Open
高値
High
安値
Low
727.05
TOPIX
770
745
720
695
670
:00
11:30
12:30
現在値
前日比

「この歳になってドボンさ。天国から地獄に真っ逆さま、我ながら唖然、呆然だ。」

大学卒業後中堅の証券会社へ入社。8年後に準大手証券へ歩合制の外務員として転職。バブル期は正規の仕事の他に自己売買に手を出し数億円の利益を出していたがバブル崩壊後の株価暴落で多額の借金を背負うことに。全財産を処分して負債を返済し、その後も別の証券会社に移り外務員をしていたが03年2月末に成績不良のため解雇される。

向こうが西新宿になるんだな、でかい建物が見えるだろう。いちばん右側がセンチュリーハイアット（現・ハイアットリージェンシー東京）、都庁の前は京王プラザ、左側の奥がパークハイアット。昔はよく泊まったんだよ。1泊3万円ぐらいの部屋でもカプセルホテルみたいに使っていた。

上の階から下を見ると人間なんて蟻んこみたいに見えるんだ。コーヒーなんか飲みながら忙しなく動き回っている人間を見て「俺はこいつらとは違うんだ」と悦に入っていたな。

何をやっていたのかって？　……株ですよ、株屋。証券会社の外務員をやっていたんですよ。27年も株の世界で生きてきて、一時はサラリーマン3人分の生涯賃金と同じくらいの金を手にしていたけどバブル崩壊で俺の生活も足元から崩れていった。

大学を卒業して就職したのが77年です、オイルショックの直後でした。大学といっても新設の三流大学ですから大手企業は門前払い、金融志望の三流大学出身者を採ってくれるのは中小の証券会社だけでした。

就職したのはD証券という中堅の証券会社でした。社員100人、店舗5つの小さな会社だったけど面白い人が多かった。この業界で5年飯を食えば世の中のことが分かるって言われたし、別の先輩からはうちで実力を磨いて中堅、大手に移るのか、金を残すのか早いとこ決めておけよなんて言われましたね。俺は金を残す方を選んだんだけどね。

D証券には丸8年勤めて辞めました。理由はもっと稼ぎたかったから。給料もボーナスもけっこう良かったけど大手や準大手と比べると明らかに差がありました。それに社員でいる限り、いくら利益を出しても一定の割合でしか貰えません。D証券にも契約制の外務員がいたけど、俺と同じくらいの商い高で3倍以上の収入を得ていたからね。俺ももっと高い報酬が欲しかった。

株屋の世界じゃ転職なんて当たり前のことだったよ。先輩に誘われて転職したのは準大手のS証券でした。契約外務員として移ったんです。S証券では特定の個人客に絞り込んだ営業に集中しました。オーナー経営者、医者、上場企業の役員なんかだね。会社の業績、個人の年収や納税額を調べ、もう片っ端から回ったよ。お金はあってもステータスのない人間は怖いんだ。どうしてもトラブルを起こしやすい。逆に社会的地位のある人は揉め事を避けるんです。おいしいお客さんなんだ。

S証券に移って最初の年で年収は1200万円ありました。昭和50年代で年収1200万円といったらたいへんなものだよ、当時の都市銀行の役員クラスと同じだもの。

32歳のときに板橋のマンションを買ったんだけど2000万円一括で払えたぐらいだよ。仲間と飲みに行くときだって銀座か赤坂。新橋のガード下なんて貧乏サラリーマンが行くところだと思っていました。この頃はあと4、5年稼ぐだけ稼いだらさっさと足を洗い、小さな喫茶店でも開こうなんて思っていたんだ。

ところがそこにやってきたのが例のバブルだよ、NTT株の上場で日本中が沸き立ったんだな。

ＮＴＴ株はひたすら売りまくったよ。１日２００本、３００本も電話をかけて予約を取るんだ。なかには親兄弟に親戚の名義まで借りて30株も買ったおっさんがいたな。一時は３００万円まで上がるなんて囃し立てられたものだから俺も全財産注ぎ込んだんだ。１株１５０万円で40株買って２８０万円で売り抜けた。税金を引いても４０００万円儲かったからね。これに味をしめて自己売買に手を出すようになりました。

平均株価が２万５０００円を超えてからは株や投資信託の知識もロクにない家庭の主婦やＯＬなんかも証券会社に押し寄せてきた。こういう人は短期で売買を繰り返すからいい手数料収入になるんです。昔は架空名義の口座でも取引できたんです。個人の投資家は何らかの事情があって架空名義の口座を使うのが当たり前だった、俺の客も３割ぐらいが架空、借名の口座を使っていた。三文判を鞄に詰め込んで兜町を駆け回っていた。

午前の取引が引けると仲間と鰻屋や天ぷら屋に繰り出したものさ。株屋は天ぷらが好きでね、昼飯に天ぷらを食うと午後の相場が上がるんだなんて他愛もないことを言って騒いでいたよ。あの頃が懐かしいや。

収入もサラリーマンの月給より１桁多かった。歩合でやっているから月によって変動があったけど多いときは月３８０万円とか４００万円の給料だったんだよ。社長の年収が

3000万円ぐらいだったとき、こっちは5000万円近い稼ぎがあったもの。よく外務員仲間と言っていたよ、「空から銭が落ちてくる」ってさ。

これだけ金が入ってくると生活が派手に、贅沢になっていきました。板橋のマンションを売って広尾に一戸建ての家を買ったんだ、1億7000万円だったけど全額キャッシュで払いました。1億、2億なんてすぐに用意できる金額だった。

遊びもメチャクチャだったよ。週末になると外務員仲間と銀座のクラブやバーに繰り出していたけど、1軒の支払いが60万円とか70万円だった。高い店ばかり選んで奢り、奢られで4、5軒ハシゴするんだ。

月末には他社の親しい外務員たちで慰安旅行です。熱海、石和(いさわ)、伊香保なんかへ行ってコンパニオンと乱痴気騒ぎだった。そのうちグアムが定番になって、金曜日の前場(ぜんば)で仕事を終えると飛行機に乗ってグアム島へ。2日遊んで月曜日に帰ってきたらそのまま兜町に直行して仕事するなんて具合です。よくあれだけ遊べたと思うよ。俺は女遊びはやらなかったけど若いやつにはソープにハマったのがいて、1日置きに吉原に通っていた。お前、いくら使ってるんだって聞いたら月80万円ぐらいですなんて言ってやがった。

元号が昭和から平成に変わった頃が俺のピークだったな。外務員として売買の注文を取るより自分の金を増やすことに力を入れていました。

取引所に出入りしていたからいろんな情報が入ってくるんです。仕手筋がどこそこの株を買い漁っているとか、何とか工業の役員が自社株を30万株も買ったから何か裏があるみたいだって具合だよ。そういう情報を仕入れて、じゃあ俺も一丁噛ませてもらいましょうってことです。今じゃインサイダー取引だって問題になるけど昔は緩かったんだ。大手の営業マンだって平気で同じことをやっていたよ。

広尾の家を担保にして信用金庫から1億5000万円借りて10銘柄ほどいじってみたんだ。仕入れた株は半年で2億円に値上がりしていた。結果的には自己売買にのめり込んだのがいけなかったんだけどね。

離婚したのは平成になってすぐでした。女房のやつ、浮気してやがったんだよ。

こっちも薄々感づいていたから調査会社に調べさせたんだ。そしたら高校の同級生だという男でね、聞いたこともない中小企業のサラリーマンだった。最初は腹が立ったけど、どうしてこんな貧乏な男がいいんだと呆れたよ。離婚に際して慰謝料は1円も払いませんでした。有責配偶者は向こうだからね。だけど娘がまだ4歳だったから養育費として3000万円だけ渡したんだ。

子どもに罪はないからね。あの子、どうしているだろうね……今年（05年）、成人式なんだよな。

平均株価は3万円を突き抜けてもまだ一本調子で値上がりしていたので、今度は持っている株を担保に証券金融から1億円借りて銀行株や商社株を買い入れました。3割ぐらい益出ししたら売り抜けるつもりだったんだ。

ところが90年になったら値崩れし始めた。最初は決算対策で利益確定の売り物だと思っていたんです。せいぜい5パーセントぐらい下げてまた反転すると思っていたのに毎日ダラダラと落ちていく。4万円目前だった平均株価が3万5000円になって、3万円になって、そして大暴落してしまった。

売りが売りを呼んで下げ止まらない。あっと言う間に2万5000円を割り込んで急落だった。もう頭の中が真っ白だったよ。

俺が買い込んでいた株はどれも連日ストップ安で、ほとんど半値以下になったからね。客からも売り注文が殺到したけど、そんなの放ったらかしで自分の持ち株の始末に苦心していました。1年かかって全株投げ売ったけど、入ってきたのは1億2000万円ちょいだ。

信用金庫と証券金融の借金が都合2億5000万円だから1億3000万円も損を抱えたというわけさ。本当に泡のように消えていったよ……。

証券金融は金利が高いし取立てがきついから先に返したけど信用金庫からの借入れまでは手が回らなかった。仕方ないから家を売ったんですが不動産も値下がりしていたから買値より5000万円も安く買い叩かれてしまいました。

せっせとため込んだ貯金をあらかた引き出してどうにか全額返済したけど、家はなくなる、蓄えはなくなるでスッカラカンですよ。破産したり自殺するよりはましだと思うようにしたけど惨めなものだね。家を手放したあとは小岩のアパートに移り、相変わらず証券外務員を続けていたけど平均株価が下がる一方だったので客なんていませんでした。

証券会社にとって稼ぎの悪い外務員は不用品、「もういいです」ってS証券から契約解除されたのが98年初めです。

三洋、山一が破綻した直後だね。S証券のあとは地場のM証券というところに、やはり外務員として入りました。小渕さんが総理になり、公的資金で株の買い支えをしたので一時的に株価が上昇しお客さんも少しは戻ってきた。そのあとITバブルなんてのもあったから俺の生活も少し持ち直したんですよ。小岩の安アパートからも抜け出せた。以前とは比べようもないけどいくらか蓄えもできてさ。

ところが、これも長くは続かなかった。特に小泉が総理になってからはボロボロだよ。平均株価が6500円まで落ちましたからね、おっかなくて株を買うやつなんていやしないよ。02年末から3ヵ月連続して最低ノルマをこなせなかった。そしたらあっさりクビになりました。ずっと株屋でやってきたから兜町に残りたかったけど証券会社はどこも人余り、ツテやコネを頼って職探ししたけど駄目だったよ。

ここに来る前は下落合の賃貸マンションにいたんですが、家賃を3ヵ月滞納して追い出されてしまいました。

確かに家主にしたら迷惑な話だし、払わなかった俺が悪いんだから仕方ありません。4ヵ月ぐらいは友人、知人のところに居候させてもらっていたけど頼れる人もいなくなってさ。去年（04年）の1月に新宿へ転がってきました。

今は歌舞伎町の個室ビデオ店で雑用をやっています。住民票がないからまともな会社では使ってくれません。店番、掃除、チラシ配りなんかをやっているんですよ。1日12時間もコキ使われて日当1万5000円じゃ割りに合わないけど仕方ない、公園で野宿するよりはましだからな。

この1年、ひたすら貯金に励み何とか50万円ほど作りました。あと30万円作ればアパートを借りて職探しに専念できそうだ。とにかく住所をきちんとしないとな。そしたらまた兜町で働けるよう算段してみるよ。

このところ企業の業績は上向いてきたし、景況判断もプラスに転じているだろ、株価も底を打ったみたいで取引所の出来高も多くなってきている。取引が活発になれば外務員を採るところがあると思うんだ。

俺はこんなところで燻っていたくないよ。

兜町けもの道
上條昌彦（51歳）の場合

1985年4月
証券会社外務員
↓
1990年2月
バブル崩壊
↓
1991年3月
借金清算
↓
1998年2月
転職
↓
2003年2月
解雇

野宿だけはごめんだ

垣沼寛貴（44歳）

最終学歴：大学卒
現住所：山谷地区の簡易旅館と秋葉原界隈のマンガ喫茶を転々
職業：人材会社経由で軽作業の日払い仕事
収入：月収10万円前後
家族状況：独身、妻子がいたが離婚

DVD
映画
ンターネット
テレビ
無料
SS
カンパニー
1時間
100円
延長1時間100円
24時間営業
インターネットゲーム
まんが・DVD・テレビ

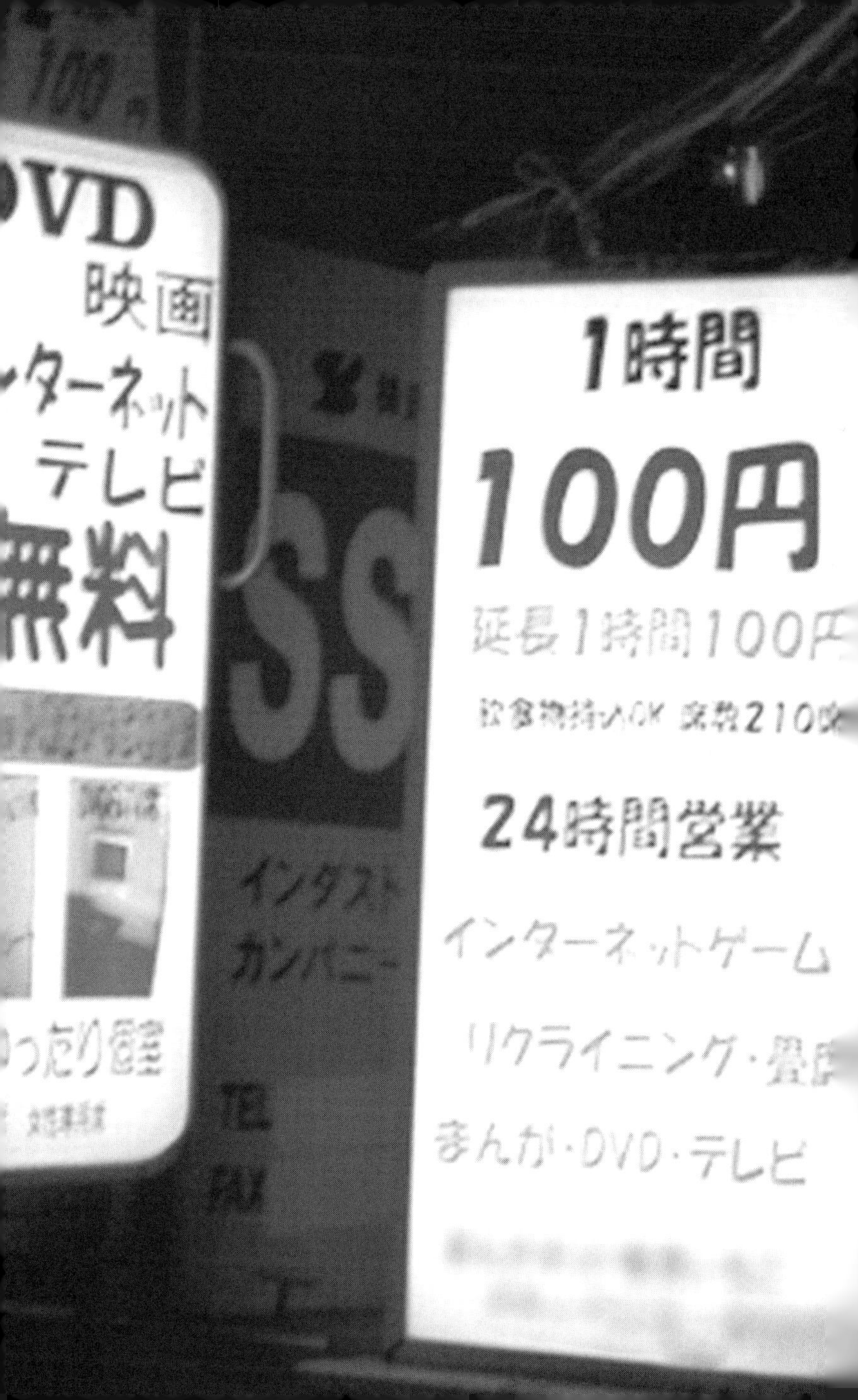

「自分の体のことも心配です。ホームレスで病気になんかなったら野垂れ死にするしかないもの……。」

工業系大学の情報工学科を卒業してソフトウェア開発会社に就職。引き抜かれる形で同業他社に転職しプログラマーからシステムエンジニアに昇格したが、08年前半にリストラされ退職する羽目に。就職活動を始めるも、健康状態が問題視され失敗。以後は派遣、短期間アルバイト、日々紹介の日払い仕事でしのいでいたが、低収入のため家賃を滞納したあげく、住居を喪失。山谷地区の簡易旅館と秋葉原界隈のマンガ喫茶を転々とする生活を送っている。

今のところは野宿したり駅寝するところまではいっていない。とりあえずベッドハウスやマンガ喫茶を利用できるだけの収入は確保しているから。だけどそこはホームでもハウスでもないことはわかっています。できるだけ貯金して、安アパートでいいから早く部屋を借りたい。

社会人の出だしは93年です。大学を卒業して業界中堅上位のソフトウェア開発会社に就職しました。仕事はプログラマーです。主に事業会社の人事・労務管理や給与計算に関するソフトの開発などを多くやりました。

転機が訪れたのは4年目の暮れ頃でした。その年の半ばに同業他社に転職していた先輩から「うちに来る気はないか?」と誘われたんです。大手電機メーカー傘下のシステム開発会社で、待遇的にも経験を評価するというのでグラッときました。元々、自分には上昇志向もあったので悩むことなく承諾し、98年2月に転職したわけです。

転職した会社では技術専任職という扱いでした。鉄道、高速道路管理、ガス供給などのインフラに関する対処や金融関係の決裁システムの点検、補正。こんな仕事を次々と担当したものです。

残業代や休日出勤はきっちり払ってくれたので、月収だと40～45万円になりました。賞与込みの年収で600万円やや手前という水準が約3年続いていたので、それなりに満足していました。

結婚したのもこの頃でした。もちろん、今はこんな生活になってしまったので離婚してい

るわけですが……。

当時の生活ぶりですか？　妻も働いていたので世帯収入は1000万円を超えていましたね。

住まいは賃貸でしたが少しいいマンションに入って、欲しいものは買って。わたしは仲間とわいわいと過ごすのが好きで週末は同僚、後輩たちと夜の街ではしゃいでいた。あの頃は楽しかったな。だけど徐々に仕事の総量が減っていきました。

セキュリティの観点から機密性の高いシステム開発は外注に出すのではなく内製化する企業が増えたことと、さほど複雑でないシステムやプログラムは安価で作れる中国やインドの開発会社に丸投げするところが増えたからです。

こうなると会社は社員を守るより企業を存続させることを優先するわけです。何度かのリストラというか人員削減がありましたね。真っ先に切られたのは業務委託的な契約社員の人たち。次に40代半ば以上の人たち。

わたしは2回までは合理化の網に引っかからなかったけど3回目は駄目でしたね。転職したときに結んだ雇用契約が技術専任職だったから職種の転換はなしということ。「もう君には用がないのだから辞めてね」ということです。

08年3月に辞めました。勤めていた期間は10年と3ヵ月。勤続年数分の退職金に6ヵ月分の上乗せがあったけどこれで失業してしまったわけです。

だけど自分では技術で勝負という思いがありました。通算して15年のキャリアがあるし頭もまだ柔らかいと思っていたから、再就職もそれほど悲観していなかった。

実際のところ就職活動1ヵ月で内々定を出してくれた会社があった。

何度か面接して条件面の提示もあり、ほとんど決まりというところまでいったのに最後の健康診断でNGだったんですよね。先方の人事から教えられたのが「あなた、糖尿病を発症していますよ」ということ。

前の会社での健康診断でも血糖値がやや高い、食生活を見直して適度な運動をするようにという指示は受けていたんです。その時は甘く見ていた。これがいけなかった。

長期間の入院、加療が必要というわけではなく、経口の血糖降下剤とインスリンの分泌を促進する薬を服用すればいいということでしたが病気は病気。既に在職している社員ならともかく、新規採用するのに生活習慣病を抱えていては身体・健康状態の条項に引っかかる。白紙にされたのは仕方ないところもある。

他にも数社の採用選考に挑んだのですが、やはり健康状態が問題視され駄目でした。これで天職だと思っていたコンピューターの仕事から離れざるをえなかった。

他の業種の募集を見つけて何社か応募してみたけど、こちらは書類選考で全滅でした。ちょうどリーマンショックで失業率が上がっていった頃だったから異業種出身、未経験、既往症ありでは門前払いだったよ。

それでも生活費が必要なわけだから何か仕事をしなくちゃならない。勤め口がないなら自分で何か起業しようと変な色気が湧いてきて、健康食品のフランチャイズに手を出しちゃったんです。

シジミエキス、タマネギエキス、柿の葉茶、生姜茶などの販売代理店を始めたんですがまったく駄目で、2年も持たずに廃業でしたね。加盟金、仕入れ代、店舗費用などで350万円以上も失ってしまった。

蓄えを取り崩すだけでなく、子どもの学資保険まで解約したりカードローンで借金を作ってしまったものだから妻がブチ切れてね。小学4年生の娘を連れて実家に帰ってしまった。あとは弁護士と向こうのお兄さんが来て離婚ということになったわけ。


妻はインテリアデザイナーで収入も高いから慰謝料も養育費もいらない。だから別れてちょうだいということでした。

わたしの方はもう派遣とか時給いくらの非正規的な仕事しか得られませんでしたね。中年フリーターですよ。通販会社の商品仕分け、とんかつ屋の皿洗い、パチンコ屋の店員、コンビニの深夜勤。こんなところを転々としていました。どこも時給は900〜1000円、月収は良くても16万円が精一杯でしたね。

貯金なんていくらもなかったから生活が瓦解（がかい）するのに時間はかからなかった。アパートの家賃を4ヵ月も滞納してしまいまして。さんざん催促されていたのですが、ある日、帰宅すると玄関の鍵が交換されていた。

締め出されたとわかって糸が切れました。家財道具なんてほとんどなかったし衣服や家電品も大したものはない。勝手に処分されてもかまわない。「もう、どうでもいい」という気持ちになってしまった。

とりあえず手持ちのお金約2万円とスーパーのポイントカードで貯めた8000円を現金化してここ（山谷）に来たのが去年（13年）の8月でした。なぜ山谷かというと、テレビのドキュメンタリー番組で紹介されていたのを記憶していたからです。

今は住所を失う前に登録していた日々紹介の仕事をやっています。工事現場の廃材処理とか古紙回収、リサイクル工場の仕分け、チラシ配りなどです。1日6500〜7000円の日当で月15日前後働けるので何とか10万円ぐらいの稼ぎはある。今のところは道端で夜明かししたりアルミ缶拾いはしていない。まっ、何とか最後の一線は踏みとどまっているというところかな。

ここに来たときは「もう終わったな」「あとは野となれ山となれ」みたいな投げやりな感じだったけど、やっぱり馴染みたくはないですよね。物騒なところだから怖いということもあるし、心の均衡を失ったような人もいる。本当に暗い世界ですから。

あとは、糖尿の状態がどうなっていることか。もう1年以上検査していないし薬も飲んでいません。

合併症で失明したり腎臓が壊れたりすることもあるというから心配です。人生50年の時代なら仕方ないけど、やっぱりまだ死にたくはない。

あとは娘のことですよね。離婚したあとも月に1度くらいは会っていろいろ話したり授業参観や運動会などには参加していたけど、こういう暮らしになってからは音信不通状態です。もう中学2年になっているんだな、会いたいけどこんな状態ではね。精神的ショックを与えてしまうでしょ。

まずは住所を復活させたい。定職を得るにも公的な行政サービスを受けるのにも住所は必須だ。仕事さえあれば何でもやってみる。

1日500円でも貯めて、鍵のある部屋で暮らせるようにしたいですね。好き好んでハウスレスになったわけじゃないから。

◎ホームレス入門

ノブさんとの1週間

ホームレスのおじさんはいったいどうやって日々の生活を送っているのか？　大田区蒲田で知り合ったホームレス歴1年10ヵ月という通称〝ノブさん〟と1週間を過ごしてみた。

ノブさんは茨城の出身で本人の弁では49歳。俳優の田村亮に似ているなかなかの男前。元々は郷里で電器店を経営していたという。お店は亡くなったお父さんが創業したのでノブさんは2代目ということになる。96年に自宅兼店舗を建て替えたが、その直後に大型の家電量販店が相次いで出店してきたため急激に売上が低下。00年末に廃業に追い込まれたという。

ノブさんがホームレスになった最大の原因は借金。店舗兼住まいを建て替えたときに信金から2000万円の融資を受けたのだが、元利合わせて返済できたのは2年ほど、あとは利息だけしか払えない状態だった。

商いを閉めた後、電気工事士の資格を持つノブさんは設備工事会社に勤めたが、そこの給料では生活していくのが精一杯。信金への支払いをするためついサラ金に手を出したのが運の尽き、雪だるま式に借金が膨らみ家は差押えられて競売処分にかけられた。それでも清算できずに自己破産したという。

妻子には愛想を尽かされて離婚。設備工事の会社もリストラで解雇されたのが02年の6月。地元で働き口を探していたが叶わず「東京なら何とかなっぺ」と上京したものの目算が外れ、いつしか所持金も底を尽き、一昨年（03年）からホームレス生活に至ったということだ。

ホームレスにはおおまかにふたつのタイプがある。

ひとつは公園や河川敷に小屋を建てて暮らす定住タイプ。ホームレスのなかでもより貧しく、高齢者や病人、アル中などが大半。これらの人たちはボランティア団体の炊き出しに頼ったり、夜中、飲食店やファストフード店の残飯漁りをしている人が多い。

もうひとつは日雇い仕事をしたり廃品回収などで日銭を稼ぎ、サウナ、簡易旅館などを転々としている移動型の人たち。ノブさんはこちらの部類に属する。

わずかでも現金収入があるため、ノブさんの外見は意外にこざっぱりしている。ホームレスのなかには汚れて悪臭を放っている人もいるが、ノブさんはパッと見ではホームレスとは分からない感じである。服装はカーキ色のネルシャツにVネックのセーター、ジーンズも破れたり汚れたりはしていない。履いているスポーツシューズも比較的新しいもの。防寒具はコンバースのダウンジャケットというどこにでもいるそこらへんのオヤジと同じ。

移動するときはリュックサックを背負い、キャリーカーを引っぱっているため、敏感な人は「ああ、この人はそうなんだ」と思うかもしれないが、たいがいの人はすれ違ったぐらいでは別に何とも思わないだろう。

そんなノブさんの1週間を見てみよう。

3月23日（水）1日目 電車に乗って終日雑誌拾いをする

正午少し前にJR蒲田駅前でノブさんと合流。前日は川崎の24時間営業のマンガ喫茶で夜明かしし、朝6時頃から京浜東北線に乗って仮眠していたという。電車は冷暖房完備のホテル代わりなのだ。

昼飯の買い出しで近くのスーパーへ。ノブさんが買ったのは賞味期限切れのカレーパンとソーセージパン、いずれも通常売価の20円引き。惣菜パン2個で153円。

食事場所は児童公園で飲み物はペットボトルの水だけ。このペットボトルは使い回しで水は病院、図書館、駅などのウォータークーラーで補給している。

食事が終わると蒲田駅へ。衣類などの入っているリュックサックはコインロッカーに入れ、キャリーカーを引いて京浜東北線に乗車。蒲田から大宮方面の電車に乗り、1駅ごとに下車して改札口近くのゴミ箱から雑誌を拾っていく。

約2時間後、赤羽駅に到着。拾い集めた雑誌は一般週刊誌、女性芸能誌、コミック誌など約100冊。これを赤羽駅近くの古本屋に持ち込んで換金する。

買値は1冊20~40円、買い取りを拒否されたものも数冊あったが、しめて2700円。

自販機の缶コーヒーで一息付くと再び京浜東北線に乗車。今度は赤羽から大船方向の電車に乗り、先ほどと同じ要領で雑誌を集める。復路でも100冊近い収穫があり、これらは大井町の古本屋で買い取ってもらうことに。

成人向けの写真誌が数冊あってこれは1冊100円の値が付く。買取り総額は3300円。元手いらずで実働約5時間、それで6000円の儲けなのだから美味しいといえば美味しい。

蒲田に戻って荷物をコインロッカーに預けると今度は歩いて大森に移動。19時過ぎに吉野屋で夕食、メニューは豚丼の大盛りと味噌汁、それに野菜サラダ。

食事の後、スーパーに入って夜食用のあん団子(3本100円)を購入。

この夜は大森のサウナで1泊。

3月24日(木) 2日目
高級住宅街のゴミ捨て場を狙う

前日と同様に昼から18時頃まで雑誌拾い、この日の売上は5300円だった。

雑誌拾いの後は港区内の図書館で20時まで過ごす。といっても読書するのではなく仮眠をとる目的である。

20時に図書館が閉館になるとＪＲ田町駅近くの立ち食いそば屋で夕食をとる。天玉うどんとイナリ寿司2個で５２０円也。その後、山手線に乗って1周。

約1時間後田町に戻ると今度は地下鉄に乗って高輪へ。もう22時近くになっていてあたりはすっかり静まり返っていたが、ここからが稼ぎ時。高級住宅街のゴミ捨て場を物色するというわけだ。

まず高輪台小学校近くのゴミ捨て場でラジカセを発見。見た目はどこも傷んでいない。さらに歩いて白金へ。ここでは大量のゲームソフト、ＣＤが捨てられてあった。

元麻布の高級マンション近くのゴミ捨て場ではコーヒー茶碗のセットを見つけた。木製の化粧箱に入っているものでノリタケ製のもの。おそらく結婚式か何かの引き出物だろう。ノブさんによれば、こういったものは一晩で必ずひとつは手にできるという。なかには包装紙に包まれたままの未使用品もあるそうだ。

西麻布一帯ではクリーニング店の包装に包まれたままのアディダスのベンチコート、アダルト物のＤＶＤ20枚、ホットプレート、地球儀をゲットする。

明け方5時に六本木に到着。六本木ヒルズの森タワーは4分の1ぐらい明かりが点いていた。テレビのワイドショーでヒルズの住居棟には月の家賃が２００万円もする部屋があると言っていた。その足元で夜通しゴミ拾いをしている者もいる。世の中というのはつくづく不公平なものだと実感する。ノブさんは拾い集めた品物を地下鉄のロッカーに保管し、動き始めた大江戸線でしばしの眠りについた。

3月25日（金）3日目
ゴミ拾い一晩の儲けは……

朝5時半頃から10時近くまで地下鉄大江戸線で休憩、西新宿で下車し地上へ。某高層ビルの洗面所で歯を磨き顔を洗う。その後マクドナルドに入って380円のセットメニューで昼兼用の食事。その後、歩いて新大久保のリサイクルショップに前夜の拾得物を持ち込む。店主はノブさんと顔見知りのようだ。

まずラジカセはAM・FMともラジオ受信ができテープの録音、再生も問題なし。ただステレオでなくモノラルなので買い取り価格は300円。アディダスのベンチコートは新品同然なので1400円の値がついた。地球儀は400円、ホットプレートは通電しないためゴミ扱い。

ゲームソフトの類は高田馬場の大型古書店へ。ここは本だけでなくCD、ビデオなども買い取ってくれるのだ。ここでいちばん金になったのがアダルトDVD、20枚で4000円也。

ゲームソフトは15本で2200円、CDは30枚で2600円の査定。

ゴミ拾いひと晩の儲けは都合1万900円。

山手線と京浜東北線を乗り継いで蒲田に戻る。14時頃から蒲田―大宮、大宮―横浜、横浜―上野と行き来して雑誌集め。前日発売の「週刊新潮」「週刊文春」「モーニング」「ヤングジャンプ」など120冊あまりと、「ダイヤモンド」「エコノミスト」などの経済誌を数冊手に入れる。集めた雑誌は上野の古本屋で売却、3900円を手にする。

17時過ぎ、ノブさんが電話ボックスに入った。数分後、戻ってきたノブさんは「これから新橋に行く」と言う。

ノブさんはビルメンテナンス会社の土日パートに登録していて、週末は都心のオフィスビルの清掃作業員として働いているのだ。上京した直後は工事現場で電気の日雇い仕事や引っ越し業者の作業員をしたことがあったが、土木関係は手配師のピンハネがひどく、引っ越し会社は拘束時間の割りには賃金が安くて嫌になったという。

ビル清掃の仕事は新聞広告で見つけたそうだ。一応履歴書は出したがそこに書いた住所は泊まっていた簡易旅館のもの、それでも採用されたという。「早い話、これも日雇いと同じだからね。そんなにうるさいことは言わないよ」とはノブさんの弁。

昨年(04年)の秋口にこの仕事を見つけ、土日はほとんど働かせてもらっているという。いったん蒲田に戻り荷物をまとめて新橋へ。カプセルホテルに泊まることにする。

3月26日（土） 4日目
週末は清掃員になる

朝8時に西新橋にある清掃サービス会社の事務所に集合。この会社は小中規模のテナントビルの清掃業務を請け負っている会社で、ノブさんは土日のみにやる特殊清掃班の臨時作業員という扱いである。

メンバーが揃うとワゴン車で虎ノ門のビルに移動。1階から5階までのエレベーターホールと廊下を薬剤で洗浄し、乾燥させた後、ワックスコーティングして磨きをかけるというのが仕事の内容。

虎ノ門のビルは12時半に作業終了、1時間の休憩を取る。食事は弁当が支給された。午後は日本橋のオフィスビルに移動。こちらは共用部分の清掃に加え、テナント室内の絨毯をドライクリーニングの要領で清掃。終了したのは17時少し前、これで日当は1万円。

ノブさんは「茨城にもこういった仕事があったら東京に来ることはなかった」と言う。地方は本当に職がないのだ。

新橋に戻ったノブさんは定食屋に入ってささやかな夕食。メニューはレバニラ炒めとチャーハンのセット。食事中コンビニの店頭から持ってきたフリーペーパーの求人誌を読んでいたが目ぼしいものはない。携帯電話ショップの販売員、居酒屋チェーンのホール係、ゲームセンターの店員などは30歳まで。弁当工場の作業員、宅配会社のドライバーでも45歳が上限。

定食屋を出てカプセルホテルに戻る道すがら、某ファストフード店の裏口付近でゴミ袋を漁っているホームレスと出くわす。

「嫌だねえ、ああいう人は……あんなふうになったら死んだ方がましだよ」とノブさんは顔をしかめた。

聞いた話ではホームレスが残飯漁りをしてあたりを汚すため、店のなかにはポテトやハンバーガーに水を掛けて食べられなくしてから捨てたり、回収車が来るまで外に出さないようにしたりと、対策を講じているところもあるという。

世の中のすべての人がホームレスに対して同情的ではないということだ。

3月27日（日）5日目
1週間の身体の汚れを落とす

前日と同様に8時に西新橋へ。今日の作業現場は日比谷のオフィスビル。午前中はテナントが退去して空室になった部屋の床面を清掃。

午後はエレベーターホール、階段をきれいに磨き上げる。4時半に作業終了。

日当を受け取ったノブさんは図書館へ。新聞各紙の求人広告を見るが、全国紙に掲載される求人は大卒、経験者、40歳までというのがほとんど。少ない現業職系は35歳までが年齢の上限。ノブさんに該当する条件のものは皆無だった。

新橋駅のコインロッカーから荷物を出したノブさんは地下鉄で三ノ輪へ。明治通りから少し入ったところにある簡易旅館へ入る。

このあたりは昔からのドヤ街だったが近年は様変わりしている。以前は1泊2000円前後の簡易旅館だったものがビジネスホテル風に改装され、料金も4000〜4500円に引き上げられた。客層も出張のサラリーマン、バックパッカーの外国人旅行者が多くなっている。安い料金で泊まれる簡易旅館、ベッドハウスは年々減少しているのだ。

ノブさんが泊まったのは昔からの簡易旅館。3畳の部屋に14インチのテレビがあるだけだ。これで料金は1泊2000円、前払いが条件。

18時頃まで休憩したノブさんは汚れ物が入った紙袋をぶら下げて近くの銭湯へ。入浴時間はたっぷり1時間。衣類はすべて着替え、持ってきた1週間分の汚れ物とともに隣のコインランドリーで洗濯する。洗濯して乾燥機にかけている間に近くのコンビニへ行き500ミリリットルの発泡酒1本とイカゲソ揚げを買う。

コインランドリーに戻って洗濯物が乾くまでしばしの晩酌、酒を飲むのは週に1回と決めている。洗濯は週に1回だけだが下着や靴下は毎日取り替え、上に着るものもなるべく清潔を保つようにするのがノブさんの信条。

「汚い恰好だと中身まで汚れていくような気がするんだ。それに人に不快感を持たれるのは俺自身の気分が良くないからね。人間は見た目がいちばんだよ」

たとえホームレスでも惨めったらしい姿だけはさらすまい。ノブさんだって見栄もあればプライドもあるのだ。乾いた洗濯物はきれいにたたみビニール袋へ。

夕食は三ノ輪近くのスーパーで買った特売の握り寿司、10貫で590円。他に夜食用のカップラーメン78円、明日の朝食用に4個98円のドーナツも買っておく。旅館に帰ってたった1人での夕食、話し相手はテレビ画面のなかの人だけ。こんな生活がもう2年近くにもなる。

3月28日（月）　6日目
丸の内オフィスビルに出没

朝8時に旅館を出て徒歩で日暮里へ。拾った新聞数紙を読みながら山手線を2周して時間をつぶす。11時、いったん品川で下車。床屋さんに入る。床屋といってもカットのみ1000円の安い店。散髪するのは約4ヵ月ぶり。散髪の後、コンビニに入っておにぎり1個、2個パックのコロッケを買う。昼飯はこれと水だけだ。

13～16時まで山手線、中央線の各駅で雑誌拾い。月曜日は「週刊現代」「週刊ポスト」「AERA」「ビッグコミックスピリッツ」などの発売日。昼過ぎにはそれらが駅のゴミ箱に捨てられるのだ。この日の収穫は約80冊、中野の古本屋で売り捌(さば)いて３９００円の収入。

立ち飲みのコーヒー店で30分ほど休憩し、地下鉄で大手町へ。駅を降りて入ったのは大型のオフィスビル。ノブさんの説明では大手町や丸の内にある大型ビルはお宝の宝庫なのだという。さっそく地下のゴミ集積所へ入ってみると、不燃ゴミを置く場所に大量の廃棄物があった。

まず、応接室に置くような灰皿セットを発見。木製の台座と大理石で作られたタバコ入れ、灰皿、ライターがビニール袋に入れて置かれている。ライターを点けてみたがちゃんと発火し、炎の大きさも調節できた。無造作に積まれているダンボールを開けてみるとノート型パソコンとソフトのセットが入っていた。廊下のコンセントで電源を繋いでみるとちゃんと起動する。他に紙袋に入った置き時計も頂戴する。

次に入った丸の内のビルのゴミ捨て場ではデスクスタンド2脚、未開封の10本パックのビデオテープ、コーヒーメーカー、ケースに入った日本人形をいただいた。

ノブさんがこれまでに見つけた最大のお宝は伊万里焼の絵皿。日本橋のビルで発見し試しに骨董屋に持ち込んだら古伊万里の上物だということで15万円で買い取ってくれたという。

拾い集めた品物は神田のリサイクルショップで換金。灰皿セットは８００円、置き時計１２００円、デスクスタンド2脚で５００円、ビデオテープの10巻パックは４００円の値がついた。日本人形は３００円にしかならず、コーヒーメーカーは買取り不可。

ノート型パソコンは神保町の専門店に持ち込む。状態が良かったため、1万4000円で商談成立。雑誌拾いと合わせて本日の収入は2万1100円也。

20時、3日ぶりにホームグラウンドの蒲田に帰る。荷物はいつものコインロッカーに預け、アーケード街にある食堂で食事。メニューはカレーライスとマカロニサラダ。

100円ショップで携帯ラジオの電池を交換、ノブさんは夜中にNHKのラジオ深夜便を聞くのが楽しみのひとつだという。

22時、大田区役所近くのカプセルホテルにチェックイン。幅1・3メートル、高さ1メートル、奥行き2メートルのわずかな空間が今日の家。

3月29日（火）最終日 今後の目標、そして……

朝一番に郵便局へ向かう。土日に働いて得た賃金と昨日の廃品回収で稼いだお金のうち1万5000円を貯金する。郵便貯金の口座は茨城にいたときに作ったもので、現在も生きている。当然キャッシュカードも使用可能だ。

現在の貯金額は約20万円。ホームレスになりたての頃は雑誌拾いとアルミ缶回収で1日3000円稼ぐのが精一杯で、食事をしてマンガ喫茶やサウナで夜明かししたら1円も残らなかったという。

廃品回収の知恵をつけ、土日パートの仕事を見つけた現在は多いときで月17万円ぐらい稼げるときもあるそうだ。日々の生活費はできるだけ切り詰め、1円でも多く貯金に回すようにしている。けれどもビル掃除の仕事がない週もあるし、廃品回収も不調の日があり、所持金が乏しくなると貯金を引き出してしまうためなかなか貯まらない。

ノブさんの目標はアパートを借りられるだけのお金を作ること。

「ホームレスで生きていたって何の希望もないでしょう、とにかく住所だけでも欲しいんだよ。まともな職に就いて普通の生活をしていくには住所が必要なんだ。住所不定の人間なんて社会的信用はゼロだからね」

アパートを借りるとなると敷金や保証金、前家賃などで20万円では追い付かない。職探しや繋ぎの生活費まで含めると50万円は必要だ。

「とにかく金を稼がなければ。いつまでもこんな生活していられないよ」

行政が行なっている自立支援システムについてノブさんはまったく知識がない。というよりそれなりの調査をしなければ分からないシステムを、どうしてホームレスの人が知り得るだろうか。

11時まで図書館で時間をつぶす。この図書館にはショッピングバッグや大きなボストンバッグを抱えたホームレスらしき人たちが数人存在。いずれも50絡みの中高年者。

図書館の入口には「悪臭を放つ者、酒気を帯びている者の入館はお断りします」の貼り紙がある。閲覧室などで眠ることも禁じられている。

正午過ぎに近くのスーパーでコロッケパンと焼きそばパン（2個で210円）を買い公園で昼食。13時から雑誌拾いに出るがこの日は不調。降りた駅のゴミ箱はことごとく清掃作業員に回収された後で収穫なし。品川、新橋、東京、秋葉原、上野で多くの同業者とすれ違う。中高年者がほとんどだが30代ぐらいの若い人も数人いた。

田端で桜木町行きの電車に乗り換える。ノブさん、拾ったスポーツ新聞の求人欄を見ていたが「これ、どうだろうねえ?」とひとつの求人広告を見つける。

麻雀店の店員募集で「急募、50歳位迄。個室寮完備食付、35万上」とある。場所は横浜市内。しばらく考えていたノブさんは有楽町で下車し公衆電話へ。受話器を置いたノブさん「明日来いってさ」と笑顔。

蒲田に戻り、駅ビルの洗面所で髭を剃ったノブさんは4枚700円のインスタント写真を撮影。喫茶店に入って100円ショップで買った履歴書を書いていく。なかなかの達筆。面接は明日の10時だということだった。

ホームレス入門・完

【第3章】

まさか自分がこんな目に……

ローン破綻で人生破綻

梅沢文彦（40歳）

最終学歴：大学卒
現住所：千葉県のJR武蔵野線沿線を転々
職業：日雇い派遣
収入：日当8000～9000円
家族状況：独身、離婚歴あり

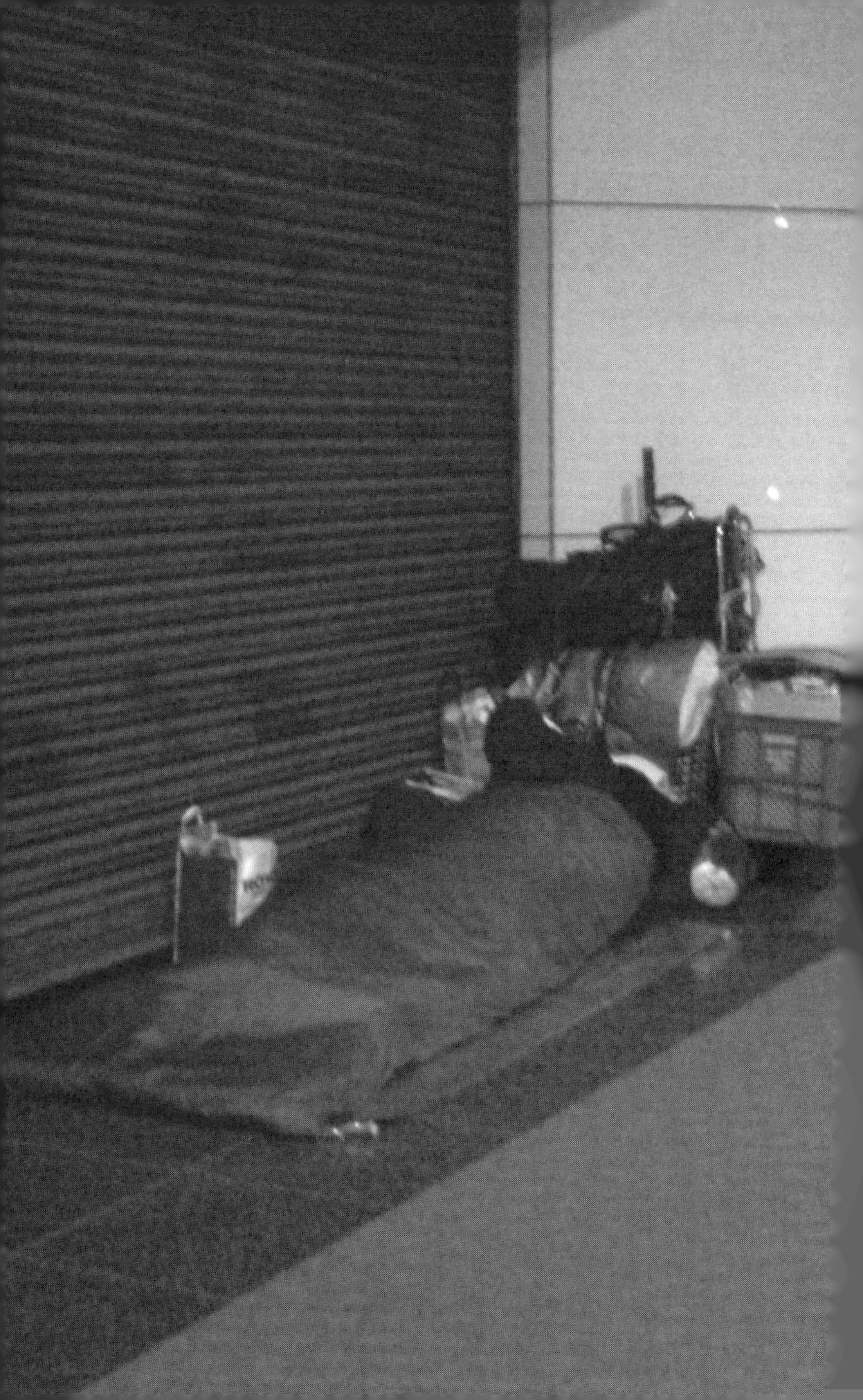

「わたしの場合は、夢のマイホームが地獄への片道切符だった。」

大学卒業後、精密機器メーカーに就職。営業職に従事する。結婚2年後の01年に3000万円のローンを組んでマンションを購入。当初は返済できていたが06年に会社が倒産。転職したものの収入が極端に減ったためローン返済が重荷になっていく。08年末に遂に返済不能に陥り売却処分に踏み切ったがローンの完済ができず借金だけが残ることに。約5ヵ月後に固定資産税、住民税を滞納していたため市役所から給料を差押えられ完全に生活が破綻。身の回りのものだけ持って失踪。

今が底値ですよ。住宅ローンの金利は過去最低水準です。マイホームを手に入れる絶好のチャンス。月々の支払額は家賃と大差ありません。

こんな誘い文句にグラッときてマンションを購入したのが8年前（01年）でした。自分の計画ではキッチリ返済できると思っていたけど、肝心の勤め先が破綻してしまったら借金地獄でした。

家を買ってから何もかもおかしくなった。わたしにはマイホームなんて疫病神みたいなものでした。あんなの買わなきゃよかった……。

今はこんな日雇い労働で解体現場の後片付けや冷凍倉庫での作業員などを転々としていますが、大学を卒業して就職したのは電子機器や精密機器を製造・販売していた会社です。一般的にはあまり知られていませんが技術力には定評のあるところで、超精密細管とかレーザー水平測定器などは大手メーカーと同レベルの技術力がありました。

取引先は大手の家電、重電、コンピューター関係、医療機器メーカーで業績も安定していました。わたし自身は大学や独立行政法人の研究施設相手の営業部員だった。

マンションを買ったのは01年の11月です。クリスマスを新居で祝ってお正月を迎えた。ここがピークでした。後は下っていくだけだったよ。

買ったマンションは新築で場所は千葉県の成田空港近くでした。通勤に1時間以上掛かるけど上野まで京成線1本で出られるし、自分の懐具合ではこれが精一杯だった。それでもそれまでは2DKの団地住まいだったから天国みたいに思えましたよ。

物件の価格は4LDK・約100平米で3300万円でした。東京23区内や湘南で同じ仕様のものを買うとなると6000万円以上する。それに比べたら随分安く感じましたね。事務手数料や引っ越し費用を含めると総額は約3400万円。大変な金額なのに当時は意に介さなかった。

総費用のうち自己資金として用意したのは400万円。あとの3000万円は銀行ローンで賄ったんです。返済は月々が8万円、ボーナス時が30万円だった。

月額で見たら以前の家賃より1万2000円高いだけ。1日にしたら400円じゃないか、ボーナスも半期で手取り50万円以上あったので十分返せる金額だと思っていました。

冷静に考えたら、借りたのは3000万円でも返済総額はその1・5倍以上の4600万円。しかも32歳で30年ローンだから完済するのは62歳のとき。とっくに退職している年齢なんですけどね。

最後は退職金で一気に繰上げ返済という手もあるけど、それはずっと勤められるということが前提になるわけだからこんな景気が不透明な時代には適さないんだよ。

マンションを買って2年間は支払いを続けていました。ところが3年目になると会社の業績が悪化したため給与カットや賞与カットが相次いで苦しくなっていったんです。

マンションを買ったとき年収は約700万円だったけど、あっと言う間に4割近く減ってしまったから大変だった。3年目の暮れと4年目の夏はボーナス時払いのため定期預金を解約して工面しなくてはならなくなっていたんです。妻も事務職の派遣で働いていたけど生活が日増しに辛くなっていったな。

そんなこんなが続いたあげく、06年の9月に会社が倒産。もう目の前が真っ暗になりました。

倒産の原因については諸説ありましたね。銀行の貸し渋りで資金ショートに陥ったとか特許を巡って他社と揉めたのがいけなかったとか。構造改革で大学や研究機関の予算が削られたからだとか……。そんなことは今更どうでもいいけど。

職探ししたけどもう36歳でしょ。当時は景気回復、失業率改善と言っていたけど恩恵を受けたのは新卒、第二新卒。さもなくばスキルとキャリアの高い人だけ。中堅企業の営業マンでは条件の良い転職は無理だった。そんなわけで警備会社に入りました。一介のガードマンとしてです。

とりあえず職は得たものの待遇は良くなかった。正社員なのに日給月給制、昼夜1週間交

替の4週6休勤務でも月収は18万円そこそこ。手取りになると14万円台。年収で見ると前職の半分以下。こうなったらローン破綻は時間の問題だった。

派遣で勤めていた妻に「いつまでこんな生活するの？」となじられましたねえ。元々、妻はマンションを買うことに反対だったんだ。ローンの支払いに汲々とするのは嫌だと言っていた。「無理して買ったからこうなったんでしょ」と怒られた。

専業主婦願望もあってローンのために派遣で働いていることも嫌みたいだった。年齢はわたしより5つ下なんですが「こんな暮らしだったら子どもも生めないじゃないの」というわけで実家に帰ってしまいました。

後は向こうのお姉さんと弁護士が来て協議離婚ということになりました。慰謝料だとか財産分与などは請求されませんでした。請求されても払えないけど。

彼女の言い分は「借金まみれのあんたとは一分一秒でも早く別れて人生をリセットしたい」ということでした。金の切れ目が縁の切れ目ということなのでしょう……。

離婚したことでわたしの生活は更に苦しくなっていきました。お恥ずかしい話ですが妻の収入に頼っていたので、それがなくなったら暮らしていけません。給料の手取りは14万2、3000円なのにローンの支払いが8万円。管理費と修繕積立金が2万円。4万円ちょっとで1ヵ月暮らすなんて不可能だよ。

「もう、これは払えない」となったときの精神的ストレスは想像を絶するものだった。今までにない経験だから眠れないし全身にジンマシンが出たこともあった。

実際に期日が来て支払えなかったときは物凄い罪悪感がありました。借りたものは返すというのは当たり前のことだから、自分は当然の義務とか責任を果たしていないという感覚になるんだ。

結局、月々の支払いを3ヵ月、ボーナス時払いを1回滞納したところで銀行から内容証明の書留郵便が送られてきました。期限利益の喪失にあたるので、滞納するなら残債を一括で払えと。

もう目眩（めまい）がしましたよ。前後して信用保証会社からも任意売却するよう迫られ、売れなかった場合は半年後に競売に掛けると通知書が来た。

法テラスに相談したら、正当な要求で拒むのは難しい、任意売却の場合は競売より2割ぐらい高く売れるし引っ越しや次の生活の足しになる金額を捻出できるけど、競売だったら全部持っていかれますよという返答でした。

あとはもう言われるがままです。2ヵ月後に約2400万円で売れたけどローンは消えなかった。借りた3000万円のうち返済していたのは元本分500万円と利息だけ。約2500万円が残っている計算でした。約2400万円の代金から手数料と生活資金を引いて2300万円を弁済に充てたけど200万円ほど足りませんでした。

自己破産を検討したけどこれくらいの金額では認められないようだった。サラ金、闇金の類じゃなくて相手は銀行さん。利息も年2・3%。月々2万2000円なら10年で完済できるじゃないか、破産も免責も不同意すると銀行に言われました。

今がチャンスですよ。将来は土地が上がるから財産になりますよ。貸すときは笑顔だけど返せなくなったらガラッと変わる。銀行ってそういうところなんだな。

マンションの処分が終わってからは1Kのアパートに転居し、引き続きガードマンとして働いていました。工事現場の車両・歩行者誘導、コンサートとか格闘技大会の会場警備などが仕事でした。

収入も相変わらずです。営業職か事務管理的な仕事に戻れないかと思い非番の日や夜勤明けに都内の職安に行ってみたけど目ぼしい仕事はありませんでした。

失業率が過去最悪を更新なんて記事が新聞に載っているときに、ビジネス社会から2年以上離れていたら致命的です。

でも、年齢も40歳の大台が目前だから贅沢言っていられないんだ。満足なんてできないけど、とりあえず収入があるのだから良しとしようと割り切って働いていたんですが突然、収入が途絶えた。

給料日の翌日に銀行へ行ってATMで現金を引き出そうとしたらモニターに「残高不足でお取り扱いできません」って表示されました。ATMに入れた通帳に印字されていたのが「サシオサエ」という文字だった。

振り込まれた14万円ほどの給料全額と前の月に下ろせなかった1000円未満の繰越金まで全部差押えられ残高は¥0。どういうことだと窓口嬢のところへ行ったら人のいないカウンターの隅に連れていかれ「市役所の課税課が差押え手続きをしている」と告げられたんです。記帳の項目に差押えまであるとは思わなかったけどね。

「やられた!」と思いました。というのも、税金をずっと滞納していたんです。ローンが払えないんだから固定資産税が払えるわけないでしょ。5四半期分の固定資産税と市民税も未納だった。悪いのは自分だけどいきなり差押えはないとたかをくくっていたんです。

翌日、市役所に出向いて仔細を聞いたら、国税徴収法第47条に基づき処分を執行したという通知書を渡された。役所の人には再三再四、督促状を送っている、呼出し状も2度送っているんだと言われ、こういう事態になったのはあなたの責任だと取り合ってくれません。国も自治体も税収で成り立っているのだから公平責任の原則、応分の負担というのは大前提だと説教されました。たとえ自己破産したとしても公租公課は免除にならないとも言われた。何とかならないか懇願したけど追い返されてしまいました。

税金の延滞料って物凄く高いんです。銀行ローンより税金の取立ての方が厳しい。滞納していたのは24万円ぐらいだったけど延滞料が加算されるから30万円近くになっていた。

もう完全に行き詰まりました。どうしようもなかった……。

マンションを売却処分したとき30万円だけ生活資金として分配されたけどアパートを借りる初期費用で半分以上使っていました。月々の生活費の補填で取り崩したこともあるので残りは数万円しかなかった。給料は全額差押え、来月分も振り込まれたら即差押えでしょう。家賃も光熱費も払えないもの、力が抜けていった。

家にあった数万円と、スーパーのカードで貯めたポイントを現金化した2000円を持って夜逃げしたのが憲法記念日です。

わたしの場合は夢のマイホームが地獄への片道切符だった。

会社倒産にも見舞われたけど住宅ローンを抱えていなかったらこうはなっていないと思うよ。身分不相応な買い物や借金は身の破滅を招く。贅沢は敵だというのは本当だな。

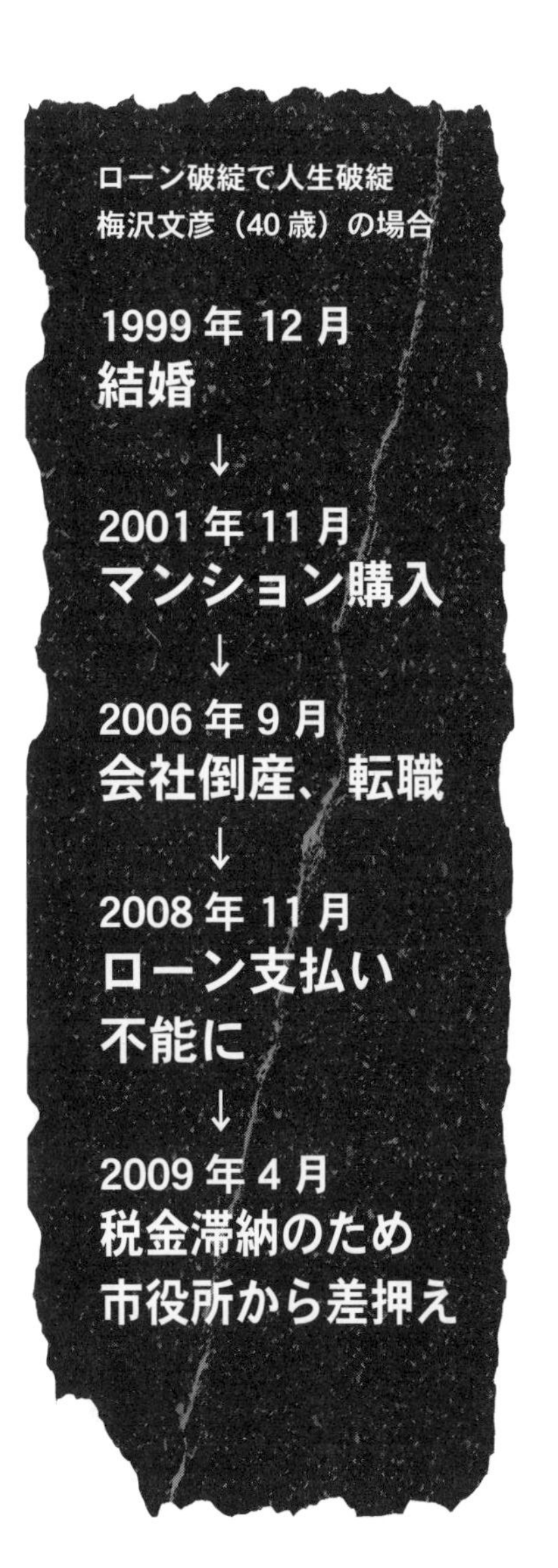

リストラ役がリストラされて

池田政和（57歳）

最終学歴：大学卒
現住所：代々木公園
職業：なし
収入：雑誌拾いで1日500円程度
家族状況：妻子がいたが音信不通

ハローワーク
AED
警察官立寄所

「クビ切られなきゃ、いい歳をした男が掘っ立て小屋で暮らしたりはしないよ。」

都内の私大を卒業し大手自動車会社系列の電子部品メーカーへ入社する。管理職に昇進したが会社の合理化がありリストラ役を押し付けられることに。10人以上の工場従業員をクビ切りしたが人員削減が事務管理部門まで及ぶと真っ先に整理対象となってしまう。退職後に運送会社の嘱託社員になったが仕事中のトラブルで解雇されて失業。

昔は地下道や駅でホームレスの人たちを見ると避けて通っていましたね。何かされたというようなことはないのに粗暴で怖い人たちという思いがあったんです。だけどそういう考え方はまったくの誤解でした。

わたしはここ（代々木公園）で暮らすようになって半年になりますが、今まで

ここにいる人たちから嫌な思いをさせられたことは一度もありません。どの人も親切で優しいんです、少なくとも勤めていた会社の人間より温かい、そう思いますね。

今はこんな状況にいますがこれでも3年ほど前まではサラリーマンをやっていました。自動車関連部品のメーカーに勤めていたんです。N社系列で主に自動車の電気系統の部品を設計・加工していた会社でした。系列会社のなかでは大きい方ですが社員250人ほどの中小企業です。それでも親会社の庇護があったので経営状態は安定していました。

入社してからは資材管理、営業、総務などの部門を回り、製造管理課長まで務めたんですがリストラで放り出されてしまいました。会社なんて冷たいところだと思います。

会社の状態が悪くなったのは92年頃からです。N社のシェアがどんどん落ちてきて車が売れないんです。だから部品メーカーもそれにつられて受注が減っていったんです。利益が年々落ちていくので給料は据え置き、賞与の50パーセントカットといった人件費の削減が何年も続きました。N社の社長が交代してからは一層のコストダウンを求められました。

とうとう人員整理に手を付けたんです。最初は工場従業員の削減でした。それまで5人でやっていた仕事を4人でやる。更に機械化を進めもう1人減らすというようにね。

リストラが始まったとき、わたしは製造管理課長だったので経営幹部から整理する社員を選別したり、自主的に退職するように説得したりしてくれと言われたんです。首切り役人を押し付けられたんだ。10人以上の社員に退職要請したんですが辛いものでした。どの人も社歴ではわたしより先輩だったし、何か問題があったわけでもありません。

年齢なんですよ、50歳以上の技能職はもういらないというんです。

給料が半分になっても我慢するから続けさせてほしいと言う人もいましたが、会社が切ると決めた以上、わたしの力ではどうにもなりません。わたしも中間管理職だから会社の考えは分からなくはないけど嫌な役目だった。

それでもやらなければ自分自身が無能というレッテルを貼られてしまうのだから命令に従いましたが「恨んでやる」とか「お前、ただで済むと思うな」なんて罵られ神経性の胃炎になりました。本当にツラかった。工場のリストラが完了してからは会社の業績も上向いてきました。

N社が低迷期を脱して売上を回復してきたのでわたしがいた会社も受注が増えたんです。リストラされた人には申し訳ないと思ったけど、これで会社も自分も安泰だと思いましたね。

ところが00年になってもう一段のリストラがあったんです。社長いわく業績が回復してきた今こそ経営基盤を強めたいということでした。要は人件費の高い管理部門の中高年を整理するということです。定年まで3年を切った人たちは規定の退職金に12ヵ月分上乗せで退職。50歳以上の管理職のうち半分を降格させて配置転換するということでした。わたしは製造管理課長からヒラに降格され工場勤務を命じられました。月々の給料は管理職手当を含めて7万円カットです。

3ヵ月経ってようやく慣れたと思ったら次は配送係へ異動。工場で作った製品をトラックに積んでN社の工場へ輸送する仕事でした。ところがこの部署も4ヵ月で異動です。総務課付きにされデスクワークに戻ったのですが通常の仕事とは別に社屋や工場の清掃をするようにと命じられました。仕事が終わった後、ゴミの回収や掃除機掛けをやらされたんだ。それまでは清掃サービス会社が入っていたのですが経費削減のためだというんですよ。

工場から出る金属屑やプラスチック屑の回収、社員食堂の生ゴミ、残飯の処理、女子トイレの清掃まで元製造管理課長だったわたしや元経理課長、元営業課長にやらせるんです。まるで晒し者でした。自尊心なんてズタズタ、屈辱的でした。

若い社員からは「何もあそこまでして会社にしがみ付くこともないのに」なんて陰口を言われました。特にわたしは以前に上からの命令でリストラ役をやらされましたから同情されるよりザマアミロと思った人もいたみたいです。

会社から整理解雇を通告されたのは01年の2月でした。専務に呼ばれ「3月末で解雇ということになります」と言われただけです。あんまり人をコケにした言い方だったので、もうちょっとでキレそうでした。下手したら暴れていたかもしれないな。

退職金に割増金が加算されたけど中小企業ですからね、30年も勤めたのに1000万円もありませんでした。親会社では3000万円、4000万円も貰えるのにこれっぽっちだからね。大企業の人が羨ましかったよ。

退職した後は気持ちを切り替えて職探ししたんです。職安に通い、求人広告を見て100通以上の履歴書を出したんですがまったく駄目でした。

事前の募集条件では55歳までとなっていた会社でも面接してみると「あなたの年齢では同僚とうまくやっていけない」なんて言われて不採用です。資格や専門的能力のない元中小企業の事務職なんて売り込めるものがないというわけです。

生活が困窮するのに時間はかかりませんでした。雇用保険は300日間支給されましたが1ヵ月当たりの金額は22万円ほどです。住まいは公団の団地なんですが家賃と共益費で10万円必要でした。それに国民健康保険と夫婦2人の国民年金の掛金が4万円、生命保険やガン保険などの保険料が2万円だったから手元に残るのは6万円ちょっとです。

妻も働くなんて言ったけどわたしと同じ歳ですからパートの口さえありません。だから退職金の残りを取り崩して生活費に充てていました。約2年で600万円以上使ってしまい、ほとんどなくなってしまったんです。見かねた息子が自分のところに呼んでくれましてね。息子のアパートで同居することになったんです。息子はまだ独身でしたから。

わたしが再就職できたのは前の会社を辞めて2年4ヵ月後でした。引っ越し運送会社に嘱託作業員として入ったんです。50過ぎでは体力的にきついけど事務職や営業職は年齢制限で駄目だから仕方ありません。配属されたのは埼玉県の所沢でした。住まいが神奈川県の藤沢なので通うのは無理ですから会社の寮に移って、単身赴任のような形になりました。月に2回ぐらい家族のところへ帰るという具合でしたね。

1年頑張ればアパートを借りるお金が作れる、そうしたら埼玉県内にアパートでも借りて妻と2人で暮らしていける。そう思っていたんですが仕事中に大きな事故を起こしてしまいました。

昇り箪笥(たんす)を2階に上げているときに足を踏み外してしまいましてね。手を離してしまったものだから箪笥が転げ落ち、一緒に作業していた人が下敷きになって足の骨を折る大怪我を負わせてしまったんです。箪笥は壊すし、家の壁にも大きなヒビを入れてしまいました。

営業所の所長には「なんてことしてくれたんだ」と怒られました。お客さんへの弁償や怪我をした人の労災申請など後始末が大変だったそうです。本部の担当者から事情聴取されたんですが「あなたの年齢ではこの仕事は無理ですよ。この先、また事故を起こされてはかないませんので辞めてもらいます」と解雇されました。それが3月の中頃です。住んでいた寮は出ていかざるを得ません。収入も住まいも一気に失いました。それが4月の中頃です。

息子のところに戻ろうかと思ったけどみっともなくてねえ……。家族だからこそ惨めな姿を見せたくないというか……。戻ろうか、どうしようかと迷っているうちにズルズル経ってしまったんですよ。

所持金が8万円ぐらいあったのでカプセルホテルを泊まり歩いていましたが2週間で底を突きました。その後は川崎にいる弟のところへ行って都合してもらったんです。2度用立ててもらい、15万円貸してもらいました。そのお金で簡易旅館やサウナを利用し、10ヵ所以上の職安に行ってみたけど仕事なんてありませんでした。わたし、もう57歳でしょ、職安へ行っても求人ファイルさえないんです。

5月の連休前にまた弟を頼って訪ねたのですが「金をせびりにくるだけならもう来ないでくれ」と怒られてしまいました。そりゃ弟にしたって迷惑な話ですものね。

5月半ばには完全なオケラになりました。家族のところへ帰る電車賃もありません。もうどうしようもなくなってしまい公園生活に転落さ、あっけないものだな……。

何でこんなことになっちゃったんだろう、それればかり考えています。

リストラ役がリストラされて
池田政和（57歳）の場合

1997年4月
自動車部品
メーカー管理職
↓
2001年2月
リストラ
↓
2003年6月
引っ越し作業員
として再就職
↓
2004年3月
解雇
↓
2004年5月
蒸発

今日生きていくことを考える

国枝隆昭（45歳）

No.10

最終学歴：大学卒
現住所：山谷地区の簡易旅館と上野界隈のマンガ喫茶を転々
職業：日雇い派遣
収入：月収10万円程度
家族状況：独身、妻子がいたが離婚

ビジネス
ル

「月の収入はうまく仕事が入れば15万円ぐらいにはなるけど、そうでないときは10万円カスカス。」

中堅私大を卒業して大手スーパーへ入社、いくつかの店舗に勤務していたが経営が悪化し店舗閉鎖、人員整理にみまわれる。00年8月にリストラ対象になり自ら退職。再就職が叶わず思い切って起業したが見事に失敗、家庭も崩壊する羽目に。離婚後は中年フリーター、製造業派遣、日雇い派遣と坂道を転げ落ちるような生活。アパートの家賃を滞納し管理会社から簡易裁判を起こされたため夜逃げ。

1時間ぐらい前だけどパトカーが来てさ、向こうの休憩所で酒飲んで騒いでいたホームレス3人組が警官に排除されたんだよ。隣のアパートの住人が110番通報したんだろうな。うるさい、不潔だ、気味悪いって。周りに住んでいる人たちにしてみれば昼間からホームレスがうろうろしたり騒いでいたら迷惑な話だものね、わたしが住民の立場だったとしても気分はよくないよ。ホームレスなんていなくなればいいと思うもの。まっ、こんなこと言ってるわたし自身が宿無し生活しているんだから説得力はないけどさ。

ここに来る前のことですか？……派遣で自動車工場にいました。ラインで組立て作業をしていたんですが契約切れでクビです。

その後しばらくは日雇い派遣をやっていたけど45歳にもなるとなかなか仕事を回してもらえないんです。貯金なんてないから途端に行き詰まりましたよ。

元々、わたしはゼネラルスーパーに勤めていました。大学を卒業したのが86年、大手の1つであるS社に新卒で入社し丸15年勤めたんです。

S社の経営が傾き出したのはやはりバブル崩壊後の消費不況からです。年中、特価市だとかクリアランスセールなんてやってたけど全然売れません。更にデフレになって売上・利益とも前年割れの連続、社内は暗かったですね。

99年の中頃に銀行主導で猛烈なリストラが始まりましてね。オーナー一族は退任させられ不採算店舗のスクラップ、余剰人員の整理が始まったんです。わたしは神奈川県内の店舗で衣料品売場のチーフをしていたのですがリストラの網に引っ掛かり退職勧告を受けました。

店長が全社員と面談すると言い出したんです。そこでこのまま会社にいても厳しい状況が続く。ポストも削っていくので退職して再スタートしてはどうかと言われました。

店長の面接というのはつまるところ退職を促すための勧告だったんですよ。面接を受けた同僚に話を聞いたらみんな同じようなことを言われたそうです。わたしの場合は5回も面接を繰り返されました。

経営が苦しい中、あえて退職金に加算金を付けるからというのが会社の言い分だった。最後は退職したうえであらためてパートタイマーで再雇用するからと言われ、もう馬鹿らしくなって退職届を出しました。退職したのは00年の9月です。38歳のときでした。

退職した後は食品専門商社、化粧品販売会社、リース、アパレルなどの面接を受けたのですが散々な結果でしたね。就職難は大袈裟だと思っていたんですよ。だけど、その考えが甘かったと思い知るまで時間はかからなかった。

たとえ求人の条件が40歳までとなっていても38歳のわたしが第二新卒や30代前半の人と面接に並べば明らかに見劣りしますからね。人材銀行や民間の再就職支援サービス会社に登録しましたがわたしにはセールスポイントがないんです。経理、財務、法務、特許関係、金融、エンジニア。こういう専門職は50歳でも募集しているけどわたしにはできませんからね。

若くはないし専門的な職種に就くのは不可能。そんなわけで「ここは自分で起業するしかない」なんて思っちゃったのさ。

ある週刊誌に健康食品会社の通販専門の加盟店募集広告が載っていましてね。就職活動しても先行きは暗そう。年齢も40代に乗ったので焦っていたんだな。

特別な技術や資格は不要で商品の供給は本社がやってくれる。加盟店は商品カタログとチラシを作成して配布するだけ。加盟金は30万円必要だけど事務所や倉庫を確保する必要はない、自宅に電話とファックスがあれば社長だもの。

妻は「小さな会社でいいから就職して」と言っていたけどもう聞く耳持たないという感じで突っ走っちゃった。こんな商売がうまくいくわけないよ。

新聞5紙に折り込み広告を入れたりポスティングのチラシ配りをしてみたものの注文なんてありませんでした。親戚や知り合いのご祝儀注文以外は月に3件〜5件。金額にしたら3万円程度。加盟金30万円をむしり取られて半年の売上がたった20万円。妻には「だから言ったじゃないの」と散々なじられた。

これで懲りればよかったけど次に自然化粧品の販売代理店に手を出しちゃいましてね。フランスに本社がある化粧品会社の日本支社が代理店を募集しているなんて広告に釣られ

ちゃったんだよ。やはり加盟金を払ってフランチャイズ契約をして始めたんですがここは元締めの会社から商品を買い取ってそれを販売するというものでした。

またカタログやチラシを配ったり飛び込みのセールスなんてやってみたけど全然売れません。加盟金と商品の仕入れで80万円の大損でした。S社を辞めたときに約400万円の退職金が出ていたんですが、日々の生活費や商売の失敗で3年もしないで使い果たしてしまいました。

妻はもう怒って子供を連れて実家に帰っちゃったよ。その後、弁護士が来て離婚届を突きつけられた。

製造業派遣を始めたのは05年の夏頃からです。アルバイトが途切れたときにフリーペーパーの求人誌を見たら募集広告があったので応募したんです。

最初は携帯電話の組立て工場、次が建設資材の工場、それから自動車会社の工場に回されました。最初は月収30万円以上なんて言われていたけど実際は多くても22万円ぐらい。契約期間も2ヵ月、3ヵ月の細切れ雇用で社会保険は未加入だった。

最後に勤めた自動車工場は2ヵ月の契約を2回、4ヵ月で雇い止めでした。派遣会社の人に聞いたら、派遣先から「40歳以上の中高年はいらない」と言われたそうです。

惨めなものですよ、居場所がないんですから……。どこへ行っても、何をしても邪魔者扱いされる。きちんと働きたいのに必要なときだけ使って用が済んだらポイ捨てだ。ゆっくり座る場所ひとつない……惨めだね。

工場派遣が打ち切られたあとは日雇い派遣しかありませんでしたよ。そりゃ職安にも行きましたが、38歳のときだってろくな求人がなかったのに厄年過ぎていい仕事があるわけない。求人情報を検索してもほとんどが年齢制限に引っ掛かるんだ。アルバイト的なものでも事務や販売だと40歳までと言われますからね。

そんなこんなで日雇い派遣に登録して糊口をしのいでいました。仕事は商品の仕分けや梱包、荷造り。倉庫内作業がほとんどでしたね。日給は8000円ぐらい。それでも週6日働ければ生活できるでしょうが、日雇いなので毎日仕事を斡旋してもらえるわけじゃないんだ。若い人はともかく中高年になっちゃうと週3日。月に15日ぐらいしか仕事を紹介してもらえません。月収にしたら12万円前後でした。

こうなると生活は困窮の一途でした。アパートの家賃が払えずに矢のような催促が管理会社から来てね、3ヵ月支払いが滞ったら内容証明の郵便が来て、期日までに滞納金全額と遅延損害金を支払わなければ法的手段を取ると通告されました。

悪いのは契約通り払わなかった自分。だけど裁判所で根掘り葉掘り事情を聞かれたりするのは耐えられないから必要なものだけボストンバッグに詰めて夜逃げしてしまいました……。

いまも相変わらず日雇い派遣です。週末に引っ越しとビル清掃をやっています。この2つはほぼ毎週やれるんだ。

引っ越しは会社の移転や事務所内のレイアウト変更に伴うデスクやオフィス家具の移動などです。夜7時からの夜勤なので日給1万円貰えます。金曜、土曜続けてやって日曜日はそのまま清掃会社へ行っているんです。こっちはマンションの巡回清掃でエレベーターホールや廊下の床洗浄とワックスかけ、日給は9000円です。

何とか11万円ちょっとは確保できているけど週中はあっても2日、まったく仕事がないときもあるんだ。毎日のやり繰りで精一杯。いまはとりあえず今日生きていくことを考える。3、4日の余裕ができたら1週間先のことを考える。そんな毎日です。

福島の両親は年金暮らし、転がり込むわけにはいきません。とにかく住所が欲しい、警備員やビル清掃なら50歳でも使ってくれるところがあるんだ。日雇いで行っている清掃会社から契約社員で来ないかと誘われているんですが住所不定じゃ話にならないでしょ。

いまの目標は貯金20万円、そうすれば3畳一間の部屋なら借りられる。だけど、その20万円が大変なんだよな……。いまのところは野宿まではいっていません。週の半分は簡易旅館、あとは上野界隈のマンガ喫茶で夜明かししている。

公園暮らしになったらおしまいだよ、死んだ方がいい。

上野の森はパラダイス

最終学歴：高校卒
現住所：上野公園
職業：引っ越し業者の臨時作業員
収入：日当８０００円の仕事を週末２回
家族状況：独身、妻子がいたが所在不明

矢島孝裕（53歳）

2L
×6本

「役者と乞食は3日やったらやめられないって言うだろう、あれは本当だな。」

岐阜県出身。高校卒業後上京し印刷会社に就職する。15年勤務したのち独立、神田で印刷工房を開業するが営業不振が続き92年に自主廃業することに。廃業後は職を転々とし家庭不和から家出、上野公園にたどり着く。8年以上も公園でテント生活を続けていて普通の社会生活に戻る気はないという。

初めてここに来たのは94年の暮れでした。だからこんな生活がもう8年以上になるんだな。そりゃ最初の頃は「これからどうしよう」って思っていたよ。でも、そう短くない間に「しょうがない」「もういいよ」「気楽でいいじゃないか」なんて思うようになっていった。今はもう公園生活がすっかり体に染み付いた。今さら職に就いてアパートを借りて暮らそうなんて思わない。

普通の生活はもうできないだろうな、ここの人たちとしか合わなくなってしまったからね。とにかく楽でいいんだよ……ここはさ。

元々は小さな印刷工房を経営していたんだ、一応、有限会社ってことになっていたけど社員は俺だけでね。商売を始めたばかりの頃はまあまあだったたんだ。ところが5年もしないで下り坂になってしまってな。仕事がどんどん減っていって儲けなんかありゃしない。

仕方ないので商いを閉めたのが92年の10月だった。それからいろいろなことがあって94年の冬にここへたどり着いたんだよ。

生まれは岐阜でね、高校を卒業して上京したんだ。勤めたのは品川にあった印刷会社でここに15年いて印刷のイロハを覚えました。活版、写植、オフセット、ひと通りのことを身に付けて独立したのが33歳のときだった。

店を開いたのは神田でした。始めた当初はかなり仕事があったんだよ。あのあたりには大学がいくつかあるでしょ、日大、専修、法政、明治。そういうところの教授、助教授なんていう偉い先生が学会とか研究会で発表する論文のタイプ打ちや学生の卒論の印刷、製本が随分あったからね。

他にも近隣の会社の名入りの封筒だとか伝票類、カレンダー、事務用のゴム印。社員さんの名刺印刷も請け負っていたよ。

年賀状の印刷なんて半端な数じゃなかったんだよ。大学の先生だと一人7、80枚。そんなに大きくない中小企業でも社員数人分まとめて300枚だ、400枚だという注文が結構ありました。毎年12月は28、9日まで徹夜で働いていたものです。

収入もそれなりにありましたよ。家賃や光熱費、インクだとか用紙の代金を払っても同じ年のサラリーマン2人分の年収はあったはずです。所得税も住民税もけっこう払っていたんだぞ。

ところが85年頃から徐々に注文が減っていってな。ワープロだよ、あいつのせいで商売あがったりになっちまったのさ。小口の注文なんてまったくなくなってしまったよ。昔は7、80人分の卒論をタイプ打ちして製本していたのが、せいぜい5、6人まで減ってしまった。

その当時って、世間ではバブルって言われていた頃だ。周りのやつらは景気のいいこと話していたけど俺にはいいことなんてなかったよ。

売上が少ないんで週末はデパートの配送をしていたぐらいだものね。独立なんてするんじゃなかったと思ったよ。ずっと勤めていれば給料も相当上がっていたろうし、サラリーマンならボーナスも退職金もあるだろう。つくづく失敗したと思いましたね。

商いを閉める前の1年なんてほとんど利益がなかったほどですよ。工場の家賃を払うのも苦しくなってしまい、これじゃもう手も足も出ないと諦めて自主廃業したんです。

幸い借金はなかったんでね、もっとも借りられるだけの担保も持っていなかったけどさ。二束三文で機械を処分して印刷の世界から足を洗ったのが10年前（92年）だ。

その後、いろいろ仕事をやったけど、長続きしなくてね。嫁さんも働くことになったんだが、これが夫婦仲を悪くした。

嫁さん、保険の外交員になったんだけどもの凄く稼ぐんだよ。けっこう器量良しだったし、人あしらいも上手くてさ。たちまちトップセールスレディーだ。多いときなんて月50万円も稼いでいたんだ。俺の倍以上だから亭主としては惨めなものがありましたよ。向こうも俺のことを見下すようになってきて喧嘩ばかりしていた。

家出した直接の原因も夫婦喧嘩なんですよ。忘年会か何かで午前様で帰ってきたことがあってね、そのとき文句を言ったら「あんたなんかと一緒になるんじゃなかった」って言われてさ。あの一言はグサリときたね。けど本当のところ苦労かけっぱなしだから何も言い返せないじゃない。

次の日、仕事に行くって言って家を出てそのままだ。12月の20日だったね。その日からずっとここに居着いてしまったよ。そりゃ最初は後悔しましたよ。でも、これ以上夫婦生活を続ける意味もないと思ったたし、のこのこ帰るのは面子が立たなかった。

印刷屋を廃業して就いた仕事はどれも面白くなかったし、もうどうでもいいやと思ったんだ。すべてが嫌になったんだよ。家出して1年ほど経った頃に住んでいた団地に様子を見に行ったことがあったけど、もう表札が変わっていた。女房と娘がどこに引っ越したのかも知らないね、知りたいとも思わないしな。


蒸発してもう8年だから、もしかしたら死亡宣告されているかも知れないけど、そんなことはどうでもいいよ。


今の生活ですか？ ……まあ、ご覧の通りですよ。だけど一般の人が考えているほどきつくはありませんね。

ボランティアの人が来て炊き出しをしたり、握り飯やカップラーメンを配ったりしてくれるので飢え死にするなんてことはない。繁華街を歩けば、まだ十分食べられる弁当なんかがまとめて捨ててあるしな。

着る物だってボランティアの人や教会の人が古着をたくさん持ってきてくれるし、燃えないゴミの日なんかに集積所を漁ると、どこも傷んでいないシャツとかセーター、背広やコートまで手に入るんだもの。何の不自由もありませんよ。

収入もまったくないことはないんだ。時々、週末だけ引っ越し業者の臨時作業員みたいなことをしているんです。引っ越しっていっても一般家庭のやつじゃなくて会社の引っ越し。日比谷のビルから赤坂のビルへとか、新橋から大手町への移転なんていうやつだ。ああいう仕事の場合は履歴書を持ってこいなんて言わないし、賃金はその日払いだからね。

週の中頃に求人情報誌を買って募集広告が出てたら電話してみるの。そうすると今度の金曜日にどこそこに集合って言われておしまい。それだけなんだよ。

日当は8000円ってとこだけど週末2日を2回ぐらいやっているから3万円ぐらい稼げるんだ。日雇いの土木作業員なんかするよりよっぽどいいよ。危険な仕事じゃないからね。

ちょぼちょぼ稼いでいるから、ここに小屋を建てたけど雨の日とか台風が来たとき、冬場の雪の日なんかはカプセルホテルか浅草の簡易旅館に泊まるようにしているんだ。

とにかく、ここにいれば楽でいい。義務も責任もなんにもないからね。

こんなに広々として緑の多いところにいられるだろ。気の合う仲間と飲みながら、麻雀したり将棋を指したりして1日が過ぎていく。

ボランティアの人がいろいろ面倒見てくれるから働かなくたって生きていけるんだ。天国だ。ホント、ボランティア様々だよ。

時たま役所の人が来て自立支援センターに入れと説得されるけど、そんな気は毛頭ないね。

仲間のなかには入った人がいたけど1年後には半分以上がまたここに戻ってきたよ。こんな気楽な生活を何年もしていると普通の生活に戻るのは不可能だと思うよ。

貰い癖が染み付いた人間がまともに働けるわけねえよ。よしんばあったとしてもこの不景気だ、大学新卒だって何万人も就職できないっていうじゃないか。50、60の年寄りで何年も野宿生活をしていた人間を雇ってくれる酔狂な会社なんてないだろうよ。

俺なんて戸籍がどうなっているのかも分からないし、自分を証明するものが何もないんだ。8年もここにいて真っ昼間から酒飲んだり、一日中パチンコ屋に入り浸っている生活をしていたのが真っ当な暮らしに戻れるわけないよ。骨の髄まで野宿生活が染み付いているんだ、もう諦めているよ。

ここに来たときに過去はいっさい切り捨てた。将来もあるなんて思っちゃいない。それでいいじゃないか。人様に迷惑をかけているわけじゃないんだ。

こんな生活をしているから長生きはできないだろうね、死んだらどこかの無縁墓地に葬られておしまいだ。それでもかまわないよ。

◎実録インタビュー

元ホームレス、自らを語る

ホームレスに転落する危険性はそこかしこに潜んでいる。特に現在のような不況で非正規労働者が増加する中、倒産や失業に見舞われた場合、かなりの確率で生活が破綻する可能性があると思われる。

もしホームレスに転落したら果たして社会復帰はできるのだろうか？　国や地方自治体は支援策を講じているが、その結果は芳しいとは言い難い側面もある。就労意志はあっても、年齢で断られる人や、身体を壊していて労働に耐えられない人も多い。厚生労働省の調査によればホームレスの総数は10年の1万3124人から20年は3992人と、ここ10年間で大幅に減少している。ホームレスの自立を支援するプログラムが功を奏したともみられるが、一方で路上生活をせずネットカフェや簡易旅館などに泊まる「見えないホームレス」の数が計上されていないという指摘もある。

一度ホームレスになったら脱却は難しい。しかし、10年ほど前にはなるが、ネットカフェ難民・日雇い・簡易旅館暮らしから脱して正社員として働くことができ、結婚して子どももできたという男性に会った。彼はどのような経緯でホームレスになり、どのような手立てで社会復帰を果たしたのか。彼の話を聞いてみようじゃないか。彼の名前は品川さん（仮名）、年齢は37歳だという。中肉中背で、演歌歌手の渥美二郎の若いころに似ていなくもないという風貌。どこにでもいる普通の人という印象だ。

――路上生活に至った原因はどういったことでしょう？

「会社が倒産したんです。わたしは徳島の出でして、高校を卒業して都内の電気部品工場に就職しました。典型的な下請けの中小企業で住まいは会社の独身寮でした。経営に失敗したから倒産したわけですが、会社は銀行や信用金庫だけでなく街金というか、危ない筋からも借り入れていたらしい。独身寮はその抵当になっていたんでしょう、倒産となったらすぐに差押えられた。ヤクザ風の男たちが押しかけてきて、お前らすぐに出ていけと脅されました」

――警察などに相談したりはしなかったのですか？

「しましたよ。だけど警察は民事不介入だというわけです。近所迷惑になるから大声を出すんじゃない、これでお終いでした。自分もそうですが部屋から荷物を放り出されて11人が居場所をなくしたわけです」

――住まいの手当はどうしたんですか？

「とりあえず工場の先輩のところに居候させてもらい、半月でアパートに移りました。その当時はまだ金銭的に逼迫(ひっぱく)してはいなかった、余裕があったわけじゃないけど」

——新しい仕事は？

「駄目でしたねえ。勤め口が全くないわけじゃない、だけど正社員となると門戸が狭くなる。資格とか特技というものもなかったし。何十社と履歴書を送り、面接にも臨んだのですが不採用の連続でした。こうしているうちに失業手当も期間満了になってしまった」

——そうすると生活はどうやって維持していたわけです？

「もうフリーターです。20代だったからアルバイトの口はいくらでもありました。コンビニ、飲食店、古書店、バイク便ライダーなど、いろいろやりました。アルバイトしながらも職安に通ったり求人誌を見たりはしていたけど、何をやっても上手くいかなくなっていた」

——住居を失うきっかけは？

「そうですねえ。直前まで宅配会社の集荷センターで梱包や仕分けのアルバイトをしていたんですが、その行き帰りの途中の駅で階段を踏み外し転倒事故を起こしてしまったんです。左足の甲と踵を骨折して3週間入院する羽目になりました。退院してもその後2ヵ月はギプスで固められて歩くときは松葉杖。これじゃアルバイトにも行けないでしょ。自分で転んだのだから医療費は全額自己負担です。傷害保険などには加入していなかったから入院に掛かった費用も含めると17万円ぐらい出ていきました。アルバイトだから失業手当なんて受けられない。貯金もわずかしかなかったから一気に困窮しました」

――それで家賃の未払いを起こしたわけですね？

「ええ、恥ずかしながら。丸4ヵ月分払えませんでしてね。大家さんから溜めた家賃は払わなくてもいい、頼むから出ていってくれと言われました。敷金2ヵ月分で未払い2ヵ月分は相殺ということになったけど残り2ヵ月分は踏み倒したことになります」

――身内の人に援助してもらうことは考えなかった？

「それは多くの人から言われました。だけどわたしには無理でした」

――それはなぜ？

「わたしは母子家庭で育ちました。その母も50代で早死にしてしまった。3歳上の姉がいますが住まいは岡山です、東京には親族はおりません。アルバイトを転々としていたから親しい友人もいなかった。頼ったり相談できる人はいませんでした」

――住まいを失ったあとの生活は？

「日払いのアルバイトをしてはネットカフェに泊まるとか、お金がない日はバスターミナルのベンチで夜明かしするとか。生活の基盤となるハウスがないわけだから、ああ、俺もホームレスになっちまったのかと憂鬱になったな。5週間ぐらい半ホームレス的な状態でいましたね。その後、山谷に行ってみたんです」

――どうして山谷に？

「『あしたのジョー』に出てきたからです。リアルタイムにマンガを読んではいないけどTV

アニメの再放送とかでそういう街があるんだという知識はありましたから」

——行ってみてどうでした？

「日本にもまだこんなスラム街みたいなところがあるんだと驚きましたね」

——山谷に行ったからといって簡単に仕事があるんですか？

「日雇い派遣ですよ。幸いなことに運転免許証だけは持っていた、ゴールドだから有効期間が4年近く残っていたんです。派遣会社の営業所に行ったら簡単に登録できました」

——日給はどれくらい？

「7000〜8000円でした。時間単価にするとアルバイトと同じくらいです。日雇い派遣のいい、悪いは関係ない。2社に登録していたから月20日は働けた、これで完全なるホームレスにならずに済んだんだし。日雇い仕事して簡易旅館に泊まるというのは嫌だったけど、わたしにとっては最後の生命線だった」

——その日暮らしからはどうやって脱出したのか？

「まず住所を確保することからです。家がなければ書留郵便を受け取れないし、銀行口座や携帯電話も持てない。2年間日雇いして30万円作り、埼玉のアパートに移れた。これで風向きが変わりましたね。相変わらず日雇い派遣だったけど先を考えるようになった」

——求職活動も再開したわけですね？

「ええ。まず自分に価値を付けることから始めました。たまに職安へ行ったり新聞の求人広告を見ると経験はもちろんだけど、○○の資格取得者と記されていることが多い。誰がやってもいい単純作業を続けていても先は見えないと思いました。高卒の自分でも受験資格があり、就職に役立ちそうな資格は何か調べたところ危険物取扱者がいいという結論に達し、日雇い仕事の傍ら勉強して2度目の受験で合格できました」

——資格は就職に役立ちましたか？

「評価がまったく違う。職安に行って求職申込みするときに所有資格を記入したら、すぐに石油製品卸販売会社を紹介してくれた。わたしが取った危険物取扱者乙種4類という資格はガソリン、灯油、軽油、エタノール等を取り扱うには必須です。就職できた会社もガソリンスタンドを展開する他、色々な生産工場に燃料を販売しているんですが、2度の面接で採用になりました」

——正社員で働けるというのはどんな気持ちですか？

「責任感というか、いい加減なことはできない。やらなければならないことがたくさんあるし、アルバイトや日雇いでは代わりはいくらでもいるんだからと卑屈になっていた。今は違う」

——奥さんとは職場結婚ですか？

「事務のパートさんだった人です。彼女も最初に勤めた会社が倒産し、事務系派遣に転じたら派遣切りにあったりして、何となく波長が合ったというか、縁があったんでしょう」

——結婚はスンナリと？

「おかげ様で。彼女の両親には返品は駄目と言われたけど反対はなかった。結婚は考えたことなかったから自分の方に戸惑いがあったんですが勢いで。けじめとして式も挙げました」

――生活を再建した現在の心境は？

「普通の生活ってありがたいなと思います。住まいがあって、仕事がある。そんなに多くはないけど暮らしていくだけの収入はある。仕事や地域でいろいろな人と接することもできる。1年後、3年後はこうなれるようにという希望みたいなものも持つことができます。それが頑張れる源になるから仕事にも暮らしにも張りができる。普通が一番ですよ」

――昔の自分に言いたいことはありますか？

「そうだなあ……。〝くたばらないで良かったな〟ですかね。夜逃げ同然でアパートを出て、ネットカフェや公園のベンチに居たときはチラッと自殺も考えた。俺に生きていく意味なんてないじゃないかと思いましたからね」

――今、ホームレス生活をしている人たちにアドバイスするとすれば？

「ちょっとしたきっかけでホームレスになったのなら、ちょっとしたきっかけで立ち直ることができる。つかまされたババを投げ返してやるんだという気持ちで生き抜いてほしい。絶対にやり直せるんだから」

元ホームレス、自らを語る・完

【第４章】

不運に不運が重なって……

リストラまたリストラ

栗原尚之（55歳）

最終学歴：大学卒
現住所：明治公園を中心に青山、赤坂、神宮前辺りを移動
職業：風俗店の看板持ち
収入：1日1500～6000円
家族状況：妻、長男、長女とは音信不通

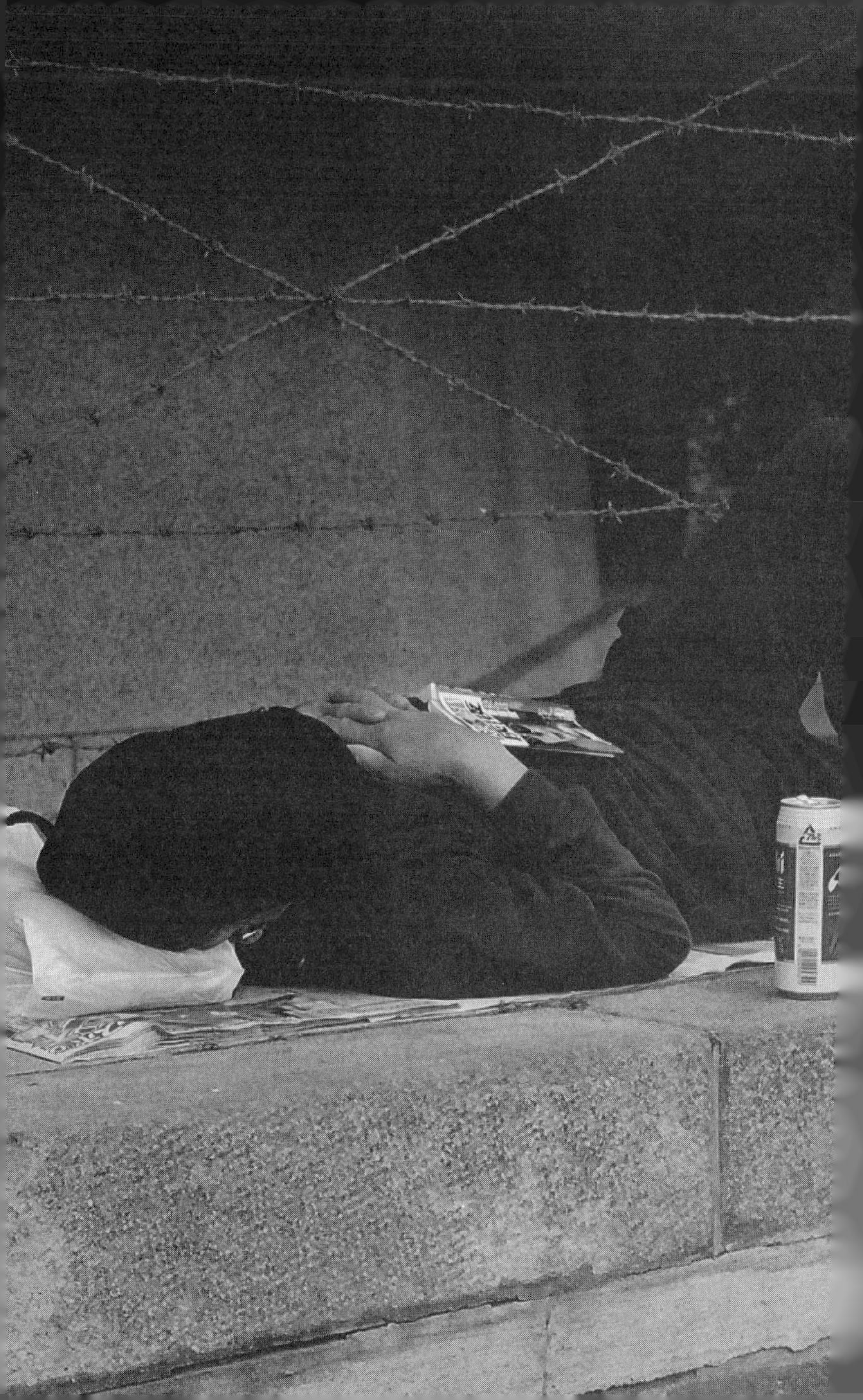

「リストラ先でも、リストラされてしまいました……。」

大学卒業後、大手総合電機メーカーへ入社。40代後半に管理職に昇進するが99年半ばにリストラ対象に。子会社に転籍したが3年後には再度のリストラで孫会社へ異動。2年後にもう一段のリストラがあり失職する羽目に。その後は時給1000円前後のアルバイト・パートを転々。消費者金融からの借金が元利合計で1200万円まで膨らみ返済のために自宅マンションを売却。これで一家離散状態に転落することに。

これでも昔はM電機に勤めていたんですよ。それなりのサラリーマン生活を送っていたけど、リストラばかりで何もかもおかしくなってしまった。本当にどうしてくれるんだと言いたいよ。

大学を卒業してM電機に就職したのは75年です。第1次オイルショックの直後で就職難の時代でした。それでも名だたる大企業に入れたのでもう一生安泰だと思っていましたね。その時代はリストラなんて言葉さえなかったし転職も珍しい時代です。定年まで勤めるのが当たり前だと思っていました。

ところがバブル崩壊後の不況で会社は人減らしに躍起になりましてね。製造部門は省力化、海外移転などで合理化したけどまだ人件費が多いということで、管理部門も人員を削るということになってしまいました。

中間管理職は半分いればいい、担当課長や副部長なんて名ばかりの管理職は会社のお荷物だと言われて、わたしもリストラ要員にされてしまいました。

M電機をリストラされたのは99年の8月でした。47歳のときです。当時のわたしは空調システム部の課長に昇進したばかりでした。これからも頑張らなくてはと思っていた矢先だよ。

もう目の前が真っ暗になった。仕事で大きなミスを犯したことなんてなかったし会社に対して不平不満を言ったこともありません。それでもリストラ対象です。年齢でバッサリやられたんです。

上司である部長との面接で、「このまま会社にいても上がり目はない。下期になると新人事制度がスタートして役職を解く、給料は大幅に減ることになりますよ。退職した方があなたのためになる」というようなことを言われました。

わたしはなぜ自分なのか問い質したんですが「割り当てだから」ということでした。部署ごとに何人切るということが決まっていたんでしょう。

「人事部から割り当てられたのだからどうしようもありません。辛いのは分かりますが、納得してください」

部長はこう言うだけでした。後にも先にも部長から頭を下げられたのはこのときだけです。

とても呑める話じゃないけど、仕方ありませんよ……。わたしも25年近くサラリーマンをやっていたんです、会社が一度決めたことを覆すのが容易なことじゃないというのはわかっています。

労働組合も頼りにならないからね。M電機の労働組合は会社と一枚岩なんです。組合で執行委員をやる人は実は幹部候補生なんです。そんな組合が中間管理職を守ってくれるわけありませんもの。

会社からは規定の退職金に12ヵ月分の加算金を支払うことと、傘下の子会社への再就職を保証するという文書を受け取りました。大手企業もいくつか倒産してた頃でしょ、「これだけのことをしてやってるんだから文句を言うな」という感じだった。

こうなってしまった以上抵抗しても無駄ですから、子会社への転籍を条件に退職することを同意したわけです。退職金は手取りで１８００万円ぐらいでしたかねえ……。

転籍した会社はＭ電機製のパソコンとかコピー機をリースしている会社でした。社長はＭ電機の元常務で各セクションの管理職も全員Ｍ電機のＯＢでした。大半の人が知っている人ですから人間関係で苦労するようなことはありませんでした。

だけど給料は大幅に下がりましたね。Ｍ電機にいた頃の年収は８００万円ほどだったんですが６００万円になっちゃったからね。

でも、まったく無関係の会社に転職したらもっと減っていたでしょうから良しとしたんです。女房はずいぶんこぼしていたけどね。

リース会社では営業の担当課長として働いていましたが、転籍して約３年後に２度目の退職要請を受けました。Ｍ電機が再度リストラをすることになったんです。

在職３年ですから退職金なんて50万円しか出ませんでした。子会社をリストラされた後、Ｍ電機の関連事業部で再々就職の斡旋をしてくれたんですが紹介してもらえたのはエレベーターの保守、点検をしている孫会社でした。

仕事は庶務と労務管理を兼務していました。肩書は主事ということでしたが決裁権は何も与えられなかった。そのうえ身分は嘱託扱いでした。収入も一段と下がりM電機にいたときの約半分ぐらいになってしまいました。

ところがここも2年で退職することになったんです。M電機の工場がひとつ閉鎖されることになりましてね。その割り当てが孫会社に来たんです。あれよあれよという間に3度目のリストラですよ。

M電機では景気が良かったときも再就職の斡旋は2回までという規則があるんです。もう会社を頼ることはできませんでした。再就職支援サービス会社への登録まではしてくれましたが後は自分で勤め口を見つけろということでした。

自分で別の人材紹介会社へ登録してみたんですが、そのときでもう52歳でしたから紹介なんてひとつもしてもらえませんでした。

人材会社のインストラクターからは「あなたには専門分野がありません」とか、「大手を辞めて子会社を転々としている人はいちばん嫌がられるんだ」なんて言われました。

職安にも行ってみたんですが、事務管理や営業の仕事はまったくありませんでしたね。あるのは肉体労働系ばかり。運転手とか警備員の口はあったんだけど、大卒は使いにくいと断られました。

雇用保険は支給してもらえたけど、基になる収入が低かったので1ヵ月の支給額は17万円ぐらいでした。それも10ヵ月で打ち切りです。あとは無収入に近い状態でした。

こんな状態ではとても生きていけないので、お中元やお歳暮の配達、飲食店の皿洗い、住宅展示場の守衛などの短期アルバイトはやりましたけど、時給なんてたったの900円でしたよ。

こんな公園暮らしに転落した原因はサラ金です。住宅ローンがキツくてサラ金に手を出してしまったのがつまずきの元だった。

わたしが家（マンション）を買ったのは89年なんです。バブルのピークでしたから銀行で4000万円のローンを組んでしまったんです。当時は4000万円のローンなんて当たり前だったし、銀行もM電機の社員というだけで融資してくれました。ほとんど無審査に近かったぐらいです。

当初の予定では利息が付いても定年までの24年間で7割は返済できる。定年まで勤めれば3000万円ぐらいの退職金が貰えるはずだったので余裕で返せると思っていました。それ

どころかこのまま不動産価格が上がっていけば７０００万円、８０００万円になるかもしれない。そしたら売却して戸建てに買い替えようなんて思っていました。

ところがＭ電機をリストラされたことで返済計画がまったく狂ってしまったんだ。Ｍ電機を辞めるまでに返済できたのは元金６００万円がやっとでした。まだ３４００万円も残っていました。

Ｍ電機を退職したときに貰った１８００万円の退職金の大部分を繰上げ返済に回したんだけど、１７００万円以上のローンが残ってしまったんです。

子会社にいたときは四苦八苦しながらまだなんとかローンを支払っていたけど、孫会社のときは給料が安くて支払いが滞ることが度々あったんです。特にボーナス時の支払いがキツかった。

妻は心臓に軽い持病があるので働くことはできません。切羽詰まってついサラ金に手を出してしまいました。

最初の頃は多くても10万円しか借りなかったので返済に苦しむことはなかったのですが、孫会社を解雇されてからはあっと言う間に借金がかさんでいきました。生活費を補うため、住宅ローンを支払うため、前に借りたサラ金への返済をするためという具合に借金を重ね、もう泥沼状態でした。

2年弱の間に15社のサラ金に借りまくって1000万円近くの負債を抱えていました。利息分を加えると1200万円も返さなきゃならなくなっていましたね。

そうなると、もう地獄だよ……。昼夜を問わず催促の電話が掛かってくるし、取立ての人間が押しかけてきて生活は完全に破綻した。

妻は心労から2度も心臓発作を起こして倒れてしまったし、どこで調べたのか長男の勤め先にまで取立ての人間が押しかけたそうです。もう滅茶苦茶だった。

最終的には弁護士の先生に間に入ってもらいましたが、処分できる財産がある限り自己破産や債務免責は認められないということでした。

結局、マンションを売却するしかありませんでした。バブルのときには5000万円もしたのに値崩れし3000万円でしか売れませんでした。銀行ローンの残りを返済しサラ金の清算をしたら終わりでしたね……。

住まいを失ってからは家族はバラバラです。妻は長男のところに身を寄せ、長女は会社の独身寮へ入りました。

わたしは妹夫婦のところで1ヵ月ほど世話になっていたけど迷惑な話だものね。「自分でどうにかするから」と出てきたけど、あてがあるわけじゃないから手持ちのお金を使い切ったらもう行くところがありません……。

家族とはもう2年以上も連絡を取っていません。みんなどうしているんだろうな……。

今は見よう見真似で古雑誌を拾ったり風俗店の看板持ちをしてわずかばかりの収入を得ていますが、地べたを這いつくばるような暮らしです。公園やマンガ喫茶で夜明かしする暮らしで、この先どうしたらいいのか考えもつきません。

会社のためにと思って、ずっと真面目に働いてきたんですけどね。何の疑問も抱かずに仕事に没頭して、会社に忠誠を尽くせば会社も報いてくれると思って……。一体、何が悪かったんでしょう。会社には十分貢献してきたつもりでしたが、どうしてこんな目に遭わなければならないのか……。

最初のリストラを皮切りに、リストラ、またリストラ。そして行き着いたのが公園暮らし。あの時どうすればよかったのかと考えても何も浮かんでこないんですよ。不況のせいにはしたくないけど、時代から弾き出されちゃったということなんでしょうかね。

リストラ計画を策定しクビ切りの先頭に立っていた労務担当の常務は、その後副社長まで昇進したそうです。これがサラリーマン世界の現実なんだろうね、悔しいけど……。

M電機にいた頃は定年で退職したら2、3年子会社で働いてリタイアし第2の人生を楽しもうなんて思っていたけどすべて狂ってしまいました。

もうおしまいだ……。

リストラまたリストラ
栗原尚之（55歳）の場合

1998年4月
大手電機メーカー管理職
↓
1999年8月
リストラで子会社へ
↓
2002年7月
二度目のリストラで孫会社へ
↓
2004年9月
三度目のリストラで失職
↓
2004年5月
自宅売却・一家離散

廃棄弁当が晩ご飯

最終学歴：高校卒
現住所：上野、御徒町駅周辺
職業：日雇い派遣
収入：日当８０００円前後
家族状況：独身、妻子がいたが離婚

山岸正弘（46歳）

テナント募集

「これでも自分は商売上手だと思っていたんです。」

80年に高校卒業、調理師学校へ進む。調理師免許を取得した後は化学薬品メーカーに就職し社員食堂のコックとして勤務。合理化があり退職するが実家の蕎麦屋を継承し後に仕出し弁当屋に転業。商才を発揮し約10年間はつつがなく過ごしていたが不況時に経営悪化、借地権の問題もあり仕出し弁当屋は廃業。以後も飲食店を営んでいたが借金を抱えて撤退。給食サービス会社に就職するも1年半で解雇されてしまう。

昔は食べ物商売をやっていたんです。仕出し弁当屋を経営していたんだ。商売でやっているわけだから米、卵、肉や魚、冷凍物の惣菜類なんかは常にストックしていた。だから腹が減ったらそこいらにあるものを適当に調理すればいつでも飯が食えていた。

それが今じゃファストフードの店から捨てられるハンバーガーやホットドッグなんかを拾い食いしたり廃棄弁当を恵んでもらってるんだもの、惨めなものだと思うね。そうは言っても食わなきゃ飢え死にしちまうけど。

うちは親父さんが蕎麦屋を経営していてさ、ずっと大田区の方で商いをやっていたんです。そういう環境で育ってきたから自然と自分も料理の道に進みました。大学に行く頭もなかったし。だから高校を卒業すると調理師学校へ行き、調理師免許を取ってからは化学薬品会社の社員食堂でコックをやっていたんです。

会社の厚生課の社員ということだったので一応サラリーマンということになります。調理師学校の友人にはホテルの厨房やレストランなどに勤める人がいたけど俺はそんな気まったくなかった。ああいうところは勤務形態が不規則で給料が安かったからね。それに昔ながらの徒弟制度みたいなものが残っているのも嫌だったんです。

一般企業の社員なら土日、祝日、年末年始はきっちり休めるし、他の社員の人と同様にボーナスや退職金もありますからね。自分に凄い才能があって一流ホテルの料理長になれるとか、でかい店のオーナーシェフになるなんて無理だと思っていた。それならサラリーマンコックでいいと思ったんです。

化学薬品会社には丸10年勤めて退職しました。辞めた理由は合理化です。本社や工場の社員食堂をすべて外注化するということになったんです。会社は配置転換して引き続き雇用すると言ってくれたんだけど、千葉の工場に行って薬品製造の仕事をしろって言うんだ。製造現場なんてキツそうだったし千葉の田舎へ引っ越すのも嫌だったので辞めることにしたんです。

その少し前に親父が心臓をやって倒れましてね。医者からも無理しないようにと言われてたので俺が蕎麦屋を引き継げばいいと思ったんだ。

蕎麦屋を手伝うようになって半年ぐらい経った頃、うちの店からちょっと先に持ち帰りの弁当屋が出店してきたんだ。うちの客がかなり減ってしまった。

うちは大田区の中小企業が密集している地域にあったんだけど、週に2、3回お昼時に来てくれた人たちが素通りして弁当屋に行っちゃうんだよ。それなので向こうはどんな品物をいくらぐらいで売っているのかリサーチしてみたんです。

はっきり言って大した物じゃなかった。焼肉弁当、唐揚げ弁当などの定番物ばかりだったけど値段は安かった。どれも500〜600円という値段でした。蕎麦屋で同じ金額だときつね、たぬき。飯物なら親子丼ぐらいです。あとはみんな700〜800円。

中小企業で働いている人たちにとっちゃ昼飯代で200円、300円違うのは大きいですからね。悔しいけど向こうに客を取られるのは仕方ないと思った。だけど、あの程度のもので５００円も６００円も取れるのはボロい商売だなと思った。原価率がどのくらいかはすぐに分かるしね。このままじゃジリ貧だと思ったのでこっちも弁当をやってみようかと思ったんです。

はじめは蕎麦屋と併営で店は両親がやり、わたしは店の前にテーブル置いて弁当を並べてみたんだ。和食弁当、中華弁当、洋風弁当の３種類だけだけどメニューは毎日アレンジし、売価５００円均一で始めたんです。

これが大当たりしました。初日に20食ずつで計60食置いたら昼前に売り切れ。翌日は10食ずつプラスして全部で90食出してみたんですがこれも売り尽くしでした。

それからは毎日１２０食出していましたが売れ残りがあるのはたまにっていう感じでした。うちは消費税はサービスしていたしインスタントの味噌汁をおまけに付けていたので評判が良かった。

近くの会社や工場の人たちだけでなくトラックやタクシーの運転手さんも常連客になってくれたので、３ヵ月後には１日１５０食ぐらい捌けていた。日曜と祝日以外は商いをやって

いたので1ヵ月の売上は180万円以上になりました。原価率なんて4割程度なので儲けは100万円を超えます。弁当がこんなに儲かるなんて思わなかった。

蕎麦屋の方は昼11時~夜9時まで開けていてもたいした儲けにはならないので完全に撤退しお弁当専業に転換したんです。店の造りも改装してメニューも増やしました。


これが思いのほかうまくいきましてね。近くにできた弁当屋は1年ちょっとで潰れちゃいましたよ。手前味噌ですが自分には商売の才能があると思っていましたね。


配送をやるようになったのは常連さんの一言がヒントになったからです。近くの板金工場の女の子で毎日8人分の弁当を買いに来てたんだけどその日は雨でね。その子が言ったんだよ、「雨の日に傘をさして買いに来るのは大変なのよ。配達してくれると助かるわ」なんてさ。確かに雨の日は極端に売上が落ちるんです。それに、お客さんの方にしてみれば往復で10分、15分かけるのは時間の無駄だからね。

当初は店から徒歩15分ぐらいの範囲を商圏と見て商売をしていたけど配送をやればもっと売上が伸びるんじゃないかと考えたんです。

早速、店から車で10分前後の範囲を調べてみると、かなりの数の事業所がありました。その割には飲食店や商店が少なかった。これはいけるんじゃないかと思ったのでチラシを配ると、すぐに反応がありました。約25の会社、工場から1日100食の注文が入ってくるようになったんです。売上にすると月100万円以上はアップしましたし、利益も60万円近く増えましたね。

もう忙しくて大変だった。96年の夏に親父が亡くなってしまったし、お袋さんも高血圧がひどくてあまり動けなくなってしまったのでね。わたしと女房だけでは手が足りないのでパートのおばさんを2人使っていた。

多少は波がありましたが99年の中頃までは安定した経営でした。月平均の売上が250万円前後、利益が150万円ぐらいというペースでした。光熱費やパートさんの給料を払い税金分を天引きしても100万円残りました。

大卒で大手企業に就職した同年代の人と比べても遜色なかったと思うよ。店とは別に中古だけどマンションも買えたしね、お金に困るということはありませんでした。

この頃から将来のことを考えて貯金に励めば良かったと思いますね、今になって後悔しても始まらないけど……。

売上が落ち始めたのは00年頃からでした。一気に悪くなりましたね。近隣の中小企業や町工場が倒産したり廃業したりでお客さんの数が毎月減っていくんです。

月契約で配達していたところも何社か倒産しましたね。配達のところは月末にまとめて払ってもらっていたので踏み倒されたのがけっこうありました。

売上も利益も良かったときの半分ほどまで下がってしまいました。それでも商売を続けていればお金が回るからいいんだけど、店を閉めなきゃならない状況になりましてね。

うちの店は土地が借地で建物は親父が建てたというものなんです。その借地権が01年6月で切れてしまったんだ。地主は自分の娘夫婦の家を建てるので再契約しないと通告してきました。まあ、仮に再契約できたとしても更新料がベラボーだし月の地代も値上げされるからとても払い切れないけどね。

契約期間満了で土地を返すわけだから立ち退き料などはありません。それどころか持ち出しだったよ。前に親父が契約したときに更地にして返すという約束だったので建物を解体して撤去しなきゃならなかった。その費用が200万円も掛かったんです。

移転して弁当屋を続けようかと考えたんですが、家賃の安いところだと人通りが少なくて商売になりそうになかった。逆に繁華街や幹線道路沿いなどは家賃が高くて客になってくれそうな中小企業や町工場はありません。そんなわけで弁当屋を続けるのは断念しました。

弁当屋を廃業してからは品川区内に間口2間、10坪ほどの小さい店を借り定食屋、カレー専門店、焼鳥屋と業態を変えて飲食業を続けたんですがどれも失敗でした。

競争相手が多かったしデフレでハンバーガーが65円、牛丼300円なんていう時代になっちまっただろう。とんかつ定食800円、カレーライス600円じゃ高いって言われて客なんか来やしないんだ。赤字の連続で気が付きゃ400万円以上の借金をしていた。

個人商店じゃ銀行や信用金庫なんかは相手にしてくれませんからね、借入れ先は主に商工ローンやサラ金の類ばかりです。ひと月の利息が15万円なんていうベラボーなものだから商売を続けることは諦め、虎の子のマンションを売って借金を清算しました。女房は怒って娘と出ていっちゃったよ。

お袋さんにはマンションを売って作った金の残りを持たせて妹夫婦のところへ行ってもらいました。まさか放ったらかしにはできませんもの。妹夫婦も事情を察して引き受けてくれたので助かりました。

わたしは足立区の方にアパートを借り新聞広告で見つけた給食サービス会社へ契約社員で

入りました。埼玉県にある病院へ派遣され病院給食の調理員をやっていたんです。三交替で早番の日は朝5時半から働いていたけどその割には給料が安かった。手取りで20万円ありませんでしたよ。

それでも給料の中から毎月5万円を妹のところに送金していたし、月に1度は出向いていたけどこの1年は送金もしていません。クビになってしまったのだからどうしようもない。

会社とは半年ごとに契約して働いていたのに3回目の契約期間が満了したら打ち切られたんです。理由は説明してもらえなかった。会社の人から「再契約はありません。ご苦労さまでした」って言われただけです。

雇用保険は3ヵ月で打ち切り。職探しも不調でとうとうアパートの家賃も払えなくなってしまいました。大家さんには悪いと思ったけど夜逃げしたわけです。

いまの生活ですか？　早い話が携帯日雇い（スポット派遣）ですよ。だけど仕事が回ってくるのは2日に1度ぐらい。日当8000円前後だから月収なんて12万円あればいい方だし、これじゃ部屋を確保するのは無理だって。かといって俺まで妹のところを頼るなんてできないもの。稼ぎのあった日はベッドハウスに泊まれるけど、あぶれた日は野宿するしかないんだ。

一昨日から雑誌拾いとアルミ缶集めをやっているけど、1日2000円ほどしか稼げないよ。手元に数万円残しているけど、このお金はぎりぎりの生活費だから絶対に手を付けない。だからアーケード街で野宿して、マックの売れ残りやコンビニの廃棄弁当を漁っていたんだ。

死にたくはないからさ……。

みんな不幸になってしまえと思うとき

鎌田知之（31歳）

最終学歴：大学卒　現住所：東京都内
職業：コンビニのアルバイト店員　収入：約25万円
家族状況：独身

「最後の勤め先が倒産ということで、縁起が悪いと言われて落とされたこともあります。」

04年に大学を卒業したものの就職に失敗し、約1年2ヵ月はフリーターで過ごす。投資コンサルタント会社に就職できたものの業務、職務に馴染めず半年で退社。再度フリーター生活を経て中古車販売会社の営業マンになったが成績不良で解雇の憂き目に。情報通信関連の営業代行会社に3度目の就職をしたが12年年初に倒産。既に失業手当の支給は終わっていて、アルバイトで生活を維持している。

勤めていた会社が倒産したのは今年（12年）の正月です。もう半年経ったけど就職できる目処はありませんよ。失業手当てももう切れてしまっているからアルバイトをして命を繋いでいる状態です。お先、真っ暗だ。もう嫌になる……。

とりあえず大学を卒業したのは04年です。卒業してまだ8年しか経っていないのに、3度目の職探しなんですよ。

どこで歯車が狂ったのかと思うことがある。失業も3度目になると落ちていっていると痛感しますね。

最初の会社は自分から辞めました。次の会社はリストラでクビ切り。今回は倒産。どんどんヤバくなっている。

大学新卒のときに適切な職業に就けなかったのが、すべての原因になるのかな……。わたしが大学を卒業した04年は就職氷河期というほどではなかったけど、新設の私大は厳しく、不本意ながら卒業後はフリーターに足を踏み入れてしまったんです。

1年以上コンビニとか飲食店でアルバイトしながら正社員の仕事を探していましてね、最初の会社に入社したのは05年の6月でした。投資コンサルタント会社です。

就職した経緯は卒業した大学のキャリアセンターとか職安ではなく、求人情報誌です。いま思うと、この時点でだいぶ眉唾ですよね。

まともな投資コンサルタント会社だったら、フリーペーパーの求人誌で人集めして未経験の人を採用したりはしないでしょう。普通に考えれば新卒でも財務、税務、株式、投資信託などの勉強をしていた人を採ると思うし、キャリア採用なら金融全般に通じていて実務経験が豊富な人が欲しいはずでしょ。わたしはそのどちらでもないもの。もっと早く「これはおかしい」と気付くべきだった。ところが、フリーターから抜け出したい一心で飛び付いてしまいました。

入ったところは投資コンサルタント業務と言いながら、商品先物取引を扱っていた会社で、投資アドバイザーという肩書を付けられていたけど、実際のところは勧誘をやらされていたんです。

主に海外先物を取り扱っていたので大豆、トウモロコシなどの穀物相場や金、銅、プラチナ。あとは原油、ガソリンの先物市場にお金を引っ張ってくるのが仕事でした。

こっちは下っ端のぺーぺーだから上の人の言うままに動いていたけど、やっていることは詐欺師みたいなものでした。

ちょっと豪華にしつらえた会社案内と特別招待状なんてものを手当たり次第ばらまくんです。低金利の時代だから資金を運用しなくては、あなたは特別に選ばれた逸材ですなんて枕詞を並べて。

ホテルのバンケットルームでセミナーをやり、自称経済評論家の講演をやり、少しでも興味を示した人がいたら電話勧誘、自宅訪問を繰り返し、最後はその気にさせて出資金を払わせる。そんな仕事でした。

ああいう相場に乗って儲けた人は極わずかでしょうね。100人参加したら儲けられるのは2、3人、あとは損をしています。博打みたいなものですから。

こんなことを平気でやっているもんだから、入社して1ヵ月もしないで「これはまともな商売じゃない」と分かりました。行政が設置している消費生活センターなどには強引な勧誘があると苦情が入っていたし、弁護士さんからは顧客に虚偽の説明をしている、特定商取引法違反だと警告が来ていました。

こんなところで働いていたらいつか後ろに手が回ると思ったので、半年で辞めたんです。

またフリーターに戻って食い繋ぎ、次に勤めたのは中古車販売会社です。セールスマンをやっていました。扱っていたのはベンツ、アウディ、ボルボなどの中古外車でした。少し景気が回復してきたという時期だったので3年ほどは成績も良く、生活は安定し始めたと思った。

給料は固定給プラス販売報奨金だったんですが、売上の良かった月は月収40万円台に乗る

こともありました。年収も同年齢の人より若干良かった年もあったから。

ところがリーマンショックが起きたでしょ、あれで潮目が変わりましたね。

販売実績は右肩下がり、成績の悪いセールスマンは会社の足を引っ張っているなんて言われて、ノルマ未達が3ヵ月続いたらリストラです。「お前、この仕事向いてねえよ」でおしまいだった。

勤続期間は3年3ヵ月しかないから退職金は給料の2ヵ月分だけです。大手だったら割増金とか支援金というものが出るらしいけど、そんなものはなし。50万円にもならなかった。

また職探しに戻ってあちこち行ってみたけど失業者が溢れている時期でしたからね、自分にはこれができるという売り物や特技がないから、失業手当が終わってからは業務請負会社の日払いアルバイトぐらいしかなかった。大井埠頭の倉庫団地で青果の荷造りとか仕分作業を半年ぐらい続けていました。

倒産した会社に入ったのは10年の1月です。

情報通信関連の会社で、格好良さそうに聞こえるけどプロバイダとケーブルテレビの営業代行会社です。

個人住宅や集合住宅へOCN光、So-net、niftyなどへの加入を勧めたり、ケーブルテレビに加入させたりする仕事です。

プロバイダの新規加入はなかなか取れなかったけどケーブルテレビのセールスは上々だったんです。特に高齢者の世帯は昔の時代劇とか歌謡曲、落語などのチャンネルに入ってくれましたね。

若い人だとスポーツ専門チャンネルかアダルト系の契約が取れていたので、営業成績は良い方でした。この会社も給料は基本給と歩合の2本立てだったけど、収入はそこそこありました。

ところが、ここも今年（12年）に入って突然、閉鎖されました。正月休みが終わって出社したのは5日と6日だけです。

土日と成人の日の3連休が終わって事務所に出たら自宅待機してくれと言われましてね。業績不振に加えて資金繰りが逼迫している、体制を立て直す時間的猶予がほしいという説明だった。

年末には少ないながらボーナスが支給されたし、給料もきちんと支払われていました。潰れる会社なら給料遅配とか未払いという前兆があって薄々、覚悟はできるだろうけど、突然のことだったので頭はパニクりました。

社長は「1月中に再開の目処を立てる」と言っていたけど、現実には2週間後に招集され、そこで、破産申請をして裁判所から破産開始決定を受けた、社員は全員解雇とし、事後処理は弁護士に一任すると告げられました。

これでおしまいです、また失業した。

心配だったのは給料のこと。退職金はあてにしていなかったけど、12月16日から1月6日までの賃金は日割りでもいいから払ってほしかった。他の人も同じことを口にしていたんですが結局は踏み倒されました。

会社倒産による失業なので失業手当はすぐに給付となりましたが、基となる賃金が多くはないので1ヵ月当たり16万円ほどでしたね。勤続期間も2年だと支給日数は90日が上限でした。

仮定の話として、大学卒業後ずっと勤めて勤続期間が約8年、年齢は30歳。これで倒産による失業だと最大180日給付されるんですがね。こういうことからも仕事をちょくちょく変わるのは損だと思います。

何とか失業手当があるうちに次の仕事をと頑張ったんですが甘くはありません。

年齢が30歳でしょ、30歳超えると途端にハードルが高くなるんです。全国紙や経済新聞の求人広告を眺めると30歳以上はキャリア採用になるんです。○○に関する業務経験が5年以上ある方とか、こういう資格を持っていて実務経験が最低3年あること、というように線引きされている。

最後の勤め先は倒産ですが、そういう人は縁起が悪いと真顔で言われたこともありました。

会社を潰したのは経営者の責任で、わたしが悪さをしたわけじゃないのにね。採用しないための方便だろうけど気分のいいものではありません。

失業手当は4月下旬で終了してしまったので今はコンビニとエスニックレストランのアルバイトを掛け持ちしてやり繰りしているんです。

学生の時はアルバイトが楽しかった。働くといっても遊びの延長みたいなもので、稼いだお金は趣味や遊興費に充てる。気楽なものだったけど、31歳にもなってアルバイトが本業じゃみっともない。

働いていても楽しくはないね。コンビニの夜勤務だと腰パン、鼻ピアスみたいなクソガキや頭の悪そうなパギャルがよく来るんです。

そんな連中だってお客なわけだから「いらっしゃいませ」「ありがとうございました、またお越し下さい」なんて敬語を使うわけです。俺は何をしているんだと自己嫌悪に陥ることがあります。

こういう状態が続くと自分がどんどん嫌な人間になっていくものでね……。今は格差社会と言うんでしょ、わたしは確実に下層階級ですよ。31歳で失業者、貯金はほとんどなし、配偶者や恋人もいない。この先、大した上がり目も期待できそうもない。

そうすると、格差社会がもっと広がって、自分と同じような人間が増えればいいなと思う。

自分の場所に大勢の人が落ちてくれれば、自分の駄目さ加減が少しは目立たなくなる。そうなればいいのになんて思うことがある。こんなこと考えたりするからいつまで経っても負け組なんでしょうね。

未来ですか？　さあ……、見えませんよ。

少し前に深夜番組で若者ホームレスのドキュメンタリーを見たんですが、下手したら自分もそうなるリスクがある。1、2年は大丈夫だろうけど、定職がないまま3年、5年と過ぎていったらヤバイ。

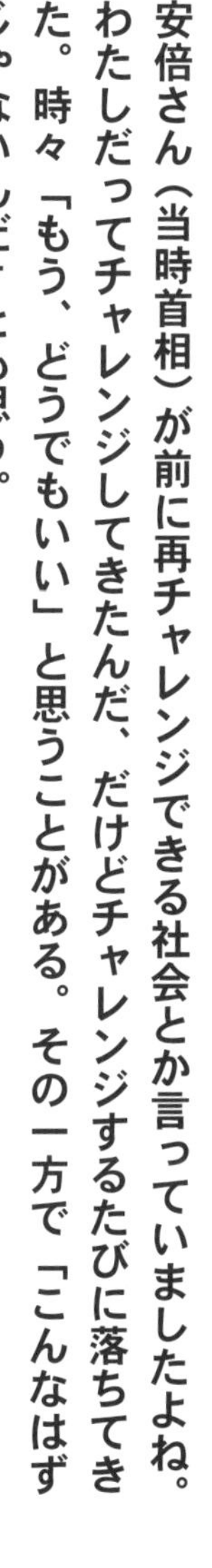

安倍さん（当時首相）が前に再チャレンジできる社会とか言っていましたよね。わたしだってチャレンジしてきたんだ、だけどチャレンジするたびに落ちてきた。時々「もう、どうでもいい」と思うことがある。その一方で「こんなはずじゃないんだ」とも思う。今はまだ「逃げちゃ駄目だ」という意識が残っているけど、半年、1年と時間が経過したらどうだろう？ 考えるとまた暗い気持ちになります。

今の状況は生温い地獄です。

みんな不幸になってしまえと思うとき
鎌田知之（31歳）の場合

2004年4月
大卒フリーターに
↓
2005年6月
商品先物会社に就職するも、半年で退職
↓
2009年1月
中古車販売会社をリストラ退職
↓
2012年1月
プロバイダ営業代行会社倒産

家も貸してもらえない

小野寺直人（32歳）

最終学歴：大学卒
現住所：池袋周辺のネットカフェ
職業：物流センター派遣社員
収入：月収20万円
家族状況：独身

#「派遣ですって言ったら、突然態度が変わったんだ。家を貸してもらえなかった……。」

就職氷河期に都内の中堅私大を卒業、金融志望だったが内定が取れず嫌々外食産業に就職する。2年半勤めたが仕事が好きになれず退職。第二新卒で金融、証券への再就職活動をしたものの失敗。その後は短期間に就職、離職を繰り返すことになる。転職歴の多さから正社員での就労が困難になりスポット派遣へ。月収20万円は確保しアパート暮らしをしていたが火災で焼け出され友人宅とネットカフェを半々という生活へ陥る。

大学を卒業したのが98年です。だから就職氷河期世代ということになるんですよね。卒業した大学は中の上クラスの私大です。学部は経済学部でした。

財閥系の都銀や外資は最初から無理だと思っていたから地銀、第二地銀に的を絞ってみたけど全滅でした。勉強なんかするんじゃなかったと思いましたよ。

その後は数え切れないほどのエントリーシートを企業に送り30社以上の採用試験を受けたけど内定は取れなかった。筆記試験と1次面接は通るんですが2次面接以降になると駄目。こういうことが続くとへこみますよ。

最後の最後、卒業式の2週間ぐらい前になってファミレスチェーンの会社から採用通知が来たけど本当は行きたくなかった。学生の間では消費者金融と外食産業は不人気でね。

結局のところ新卒のときに希望する会社や業種に進めなかったのがずっと尾を引いているんですよ。こんなはずじゃないっていつも思っていた。今も思っているけど……。

会社は案の定というか思っていた以上にひどいところだった。とにかくメチャクチャ働かされましたよ。営業時間は朝10時から夜10時までなんですが1時間前に出勤し、閉店後は売上の集計などもありますから1時間は残ることになります。毎日14時間労働です。

休日なのに店長から人手が足りないから出て来いなんて言われたこともありました。それでも給料の明細書には公休8日と記載してあった。

こんな調子だから人が居着かないんだよね。僕は我慢した方だけど、2年半が限界でした。

ファミレスを辞めた後は希望していた金融や証券の世界に行けないか、いろいろやってみたんです。日曜日の朝日新聞や日経新聞には、たまにだけど信金や中堅の証券会社が採用広告を出していました。卒業3年以内なら第二新卒になりますから、採ってくれるところがあるかもしれないと思って、数社に履歴書を送って面接も受けたんですが、やっぱりうまくいきませんでした……。

アルバイトで食い繋ぎながら約1年で5社の採用試験を受けたけど採用通知は来なかった。そうしているうちに年齢が26歳になってもう第二新卒からも外れました。目の前が暗くなりましたよ。

その後も職探しは続けたけどいい仕事はなかったな。特に職安はひどいところでしたね。嫌だったからファミレスチェーンを辞めたのに、また同じようなところに押し込もうとするんですよ。

都内はもとより神奈川や埼玉の職安にも行ってみたけど求人があるのは中小・零細のとこ

ろばかり。

大学まで卒業しているのに町工場や下請けで働くなんて嫌だった。そんなところに行ったらよほどの馬鹿か無能だと思われる。

結局、新聞の求人広告や就職情報誌を見ていろいろなところに勤めたけど、どれも長続きしなかったな……。教材販売会社、パソコンのカスタマーセンター、ディーラー系の自動車セールスマン。4年間で3回職を変えています。

短いのは半年、長くても1年ちょっとで転々でした。その頃は「もっと自分の能力を活かせる職場があるはず」「もっとやり甲斐のある仕事があるはず」という思いがあったんです。

自動車のセールスを辞めたのは05年の2月でした。

もう30代に乗っかっちゃったので次の勤め先を探しても募集年齢から外れるんですよね。民間の職業紹介所にも登録したけど転職の多さが災いして求人情報すら来なかった。

こんな経緯でスポット派遣になりました。今のところはレギュラーで派遣先は固定されています。薬問屋の物流センターに派遣され、医薬品の発送仕分けや検品をやっているんです。どこそこの病院や調剤薬局へどの薬をどれだけ送るかという指示書に従って専用の輸送箱に抗生物質だとか消炎鎮痛剤を詰めパソコンで納品書を作るという仕事です。

ガチガチの肉体労働系だったり単純作業が多いスポット派遣の中では恵まれている方でしょうね。少なくとも危険な仕事じゃないし身体も楽だから。

日給は交通費込みで8500円。週休1日で月に24日～25日働いているから月収は何とか20万円確保できています。自動車のセールスをやっていたときも手取りは同じくらいだったので特に苦しくなったということはなかった。

とりあえず生活はできるけどずっと派遣というわけにはいかないでしょ、そろそろ定職に就かなきゃマズいよなって思っていたんですが思わぬアクシデントに見舞われて予定が狂っちゃったんだ……。

3ヵ月前までは板橋のアパートにいたんです。ところが別の部屋の住人が火事を出してさ。アパートは半焼で住めなくなってしまったんです。

新しいところへ移るまでっていうことで学生時代からの友人宅に居候させてもらって不動産屋回りしたけど門前払いのような扱いだった。

前のアパートの大家さんからは敷金を返してもらえたし、それ相応の貯金もあったので金銭的に困窮していたというわけじゃないんだ。だけど、不動産屋に行ったら勤めている会社の在職証明書と源泉徴収票や納税通知書みたいな収入が分かる書類を出してくれと言われましてね。

「いまは派遣なんです」って言ったら途端に態度が変わったよ。フリーターとか日雇い派遣のような収入が不安定な人は家主が嫌がると言われました。

また別の不動産屋では保証人を3人にして敷金を規定よりプラス1ヵ月ならという条件を出された。

非正規雇用なわけだから信用がないってことなんでしょ、以前はこんなことはなかったけどね。やっぱり家賃を踏み倒したりする人が増えたのかな……。

いつまでも友人に迷惑かけられませんから大きな荷物と貴重品だけ預かってもらってネットカフェに転がり込んだわけです。コインロッカー代が必要ないのは助かります。

今の生活ですか？　……いいわけないでしょう。

いつも畳部屋の個室を使っているけど広さなんて1畳半もないよ。布団もないから横になっても背中や腰が痛くなってよく眠れません。隣との仕切りはベニヤ板1枚だからプライバシーもない。どんな人がいるのか分からないのも不安です。

それにこの生活は出費もかさみます。ナイトパックでも一晩1500円程度必要。食事も外食や弁当類だから支出が多い。何かと不便だし不経済でしょ。

だからゲストハウスに移ろうと思っているんです。週刊誌でそういうものがあると知ってネットで探したら都内でも中心から外れたところや埼玉の川口あたりで家具付きの4畳半、光熱費込みの使用料は月5万8000円ぐらいだった。

ネットカフェでも延長料金を払ったら一晩1800円ぐらいになることもあるので1ヵ月で見たらほぼ同額だものね。

とにかく鍵のある部屋で暮らして布団で眠りたい。人間として最低限の生活はしたいんです。

今後のことですか……?

多少、持ち直しても契約社員で働ければいい方でしょ。キャリアもスキルもないから面白い仕事や収入のいい仕事に就くのは不可能だと思います。

努力が足りないと言われるけど、努力ってのはすればある程度は何とかなると思っている人がやるものだよ。100点は難しくてもうまくいけば80点取れる、悪くても70点はクリアできる。そういう目算がなければやらないよ。僕なんて今日の生活を維持するのが最優先で、先のことを考える余裕はないいんだ。

再チャレンジがどうだこうだと言っているようだけど僕だってそれなりにチャレンジした。だけどチャレンジする度に落ちてきたもの、上から目線で言われてもシラけちゃいますよ。

何でこんなことになっちゃったんだろう……。

学生だった頃に想像していたなりたかった自分と今の自分はあまりに違うんだ。

踏み台世代なんですよ、僕は……。

家も貸してもらえない
小野寺直人（32歳）の場合

1998年4月
大学卒業・
ファミレス就職
↓
2000年10月
退職・
再就職活動
↓
2005年2月
自動車販売会社
退職
↓
2005年9月
派遣労働を開始
↓
2008年5月
アパート火災

おわりに

本書ではホームレス、ワーキングプア、非正規労働者と呼ばれている人たちにスポットライトを当て、その人がどんな問題に直面しているのか、どうしてそういう状況に陥ってしまったのかレポートしてみた。

本書を読み終えた読者の皆様はどのような感想を持たれただろうか。「自分と似たような境遇に置かれた人たちが結構いるんだな」「辛いのは自分だけじゃない」と思う人もいれば「自分とは別の人種の話」「やっぱり自己責任でしょ」と思う人もいるだろう。人それぞれでいろいろな感想を持つのは当然のことだ。ただ筆者が強調したいのは、登場人物のようになってしまうのは特殊なことではない。対岸の火事ではないということだ。

選択の誤り、周囲の状況の変化、社会情勢の悪化、本人の早とちりや誤解、騙しや良からぬ誘惑……。こういうことがきっかけになって一気に沈んでいくこともある。転落の罠はあちこちに仕掛けられている。だからくれぐれも用心し、慎重に行動してほしい。人を見たら泥棒と思えというのは嘘じゃない。

これは著者として記しておきたいのだが、やはり気が重くなる取材だった。話のほとんどが暗く重たいもの。聞いていても楽しくなる話はなく、切なくなることが度々あった。それでも取材を続けたのは、ひとつとして同じ話がなかったから。それぞれに背景があり、人生があるから。

悲惨な話、怒りが込み上げてくる話もあれば、それはあなたのミステイクだと説教したくなる人もいた。

多くのエピソードに触れ、改めて思うことは、生きていくのはしんどい、人生は楽しいことより辛いことの方が多いということだ。

最後に、このコロナ禍で格差社会が更に拡がらないよう願うばかりである。

本書の出版にあたっては筆者が病み上がりであまり無理ができないという事情があり、企画の段階から収録するエピソードの選定など、彩図社編集部の方には大変お世話になった。改めて感謝の意を表したいと思います。

2021年3月　増田明利

使用画像クレジット

目次背景 ©hiroo yamagata, 2006, CC BY-SA 2.0, Adapted. ／ P.26 ～ 27 ©Toomore Chiang, 2016, CC BY 2.0, Adapted. ／ P.52 ～ 53 ©Dick Thomas Johnson, 2016, CC BY 2.0, Adapted. ／ P.76 ～ 77 ©Dick Thomas Johnson, 2011, CC BY 2.0, Adapted. ／ P.86 ～ 87 ©nesnad, 2011, CC BY 3.0, Adapted. ／ P.124 ～ 125 © くーさん , 2007, CC BY 2.0, Adapted. ／ P.136 ～ 137 ©Kounosu, 2010, CC BY-SA 3.0, Adapted. ／ P.146 ～ 147 ©Kok Leng Yeo, 2009, CC BY 2.0, Adapted. ／ P.174 ～ 175 ©Lordcolus, 2006, CC BY 2.0, Adapted. ／ P.186 ～ 187 ©Nori Norisa, 2013, CC BY 2.0, Adapted. ／ P.198 ～ 199 ©Yuya Tamai, 2009, CC BY 2.0, Adapted. ／ P.210 ～ 211 ©spinster cardigan, 2014, CC BY 2.0, Adapted.

引用書籍一覧

『今日、ホームレスになった―15人のサラリーマン転落人生』『今日、派遣をクビになった―15人の底辺労働者の実態』『今日、ホームレスになった　平成大不況編』『今日、会社が倒産した―16人の企業倒産ドキュメンタリー』『今日からワーキングプアになった―底辺労働にあえぐ34人の素顔』『今日、会社が倒産した―16人の企業倒産ドキュメンタリー』（いずれも彩図社）

【著者紹介】

増田明利（ますだ・あきとし）

1961年生まれ。1980年都立中野工業高校卒。

ルポライターとして取材活動を続けながら、現在は不動産管理会社に勤務。

2003年よりホームレス支援者、ＮＰＯ関係者との交流を持ち、長引く不況の現実や深刻な格差社会の現状を知り、声なき彼らの代弁者たらんと取材活動を行う。

著書に『今日、ホームレスになった』『今日、ホームレスになった　平成大不況編』『今日、派遣をクビになった』『今日から日雇い労働者になった』『今日、会社が倒産した』『本当にヤバイ就職活動』『今日からワーキングプアになった』『貧困のハローワーク』『今日、借金を背負った』（いずれも彩図社）、『不況‼　東京路上サバイバル―ホームレス、28人の履歴書』（恒友出版）、『仕事がない！―求職中36人の叫び』（平凡社）、『ホープレス労働―働く人のホンネ』（労働開発研究会）がある。

今日、ホームレスになった
―大不況転落編―

2021年4月23日　第一刷

著　者　　増田明利

発行人　　山田有司

発行所　　株式会社　彩図社
東京都豊島区南大塚3-24-4
MTビル　〒170-0005
TEL：03-5985-8213　FAX：03-5985-8224

印刷所　　シナノ印刷株式会社

URL　　https://www.saiz.co.jp
https://twitter.com/saiz_sha

© 2021. Akitoshi Masuda Printed in Japan.
ISBN978-4-8013-0516-8 C0095
落丁・乱丁本は小社宛にお送りください。送料小社負担にて、お取り替えいたします。
定価はカバーに表示してあります。
本書の無断複写は著作権上での例外を除き、禁じられています。

現代社会の闇をえぐる増田明利の本

今日、借金を背負った

—借金で人生が狂った11人の物語—

資金繰りの失敗、生活苦、ギャンブル中毒、浪費癖など、さまざまな理由で借金地獄に陥った人たち。彼らはどれほどの苦しみを味わっているのか。多重債務者の実情から借金の恐ろしさが浮かび上がるノンフィクション。

ISBN978-4-8013-0438-3　C0095　四六版　本体1300円＋税